50 MOMENTOS SANTOS

Cómo convertir tu vida en un sinfín de Momentos Santos

Rosiris Fernández

Elena Scarrone

50 Momentos Santos
Cómo convertir tu vida en un sinfín de Momentos Santos
Todos los Derechos de Edición Reservados
© 2018, Rosiris Fernández & Elena Scarrone
Portada: © 2018 Camilo Quevedo
Pukiyari Editores

ISBN-13: 978-1-63065-094-0
ISBN-10: 1-63065-094-3

PUKIYARI EDITORES
www.pukiyari.com

*A mi madre, Lourdes, fuerza de amor que inspiró la
idea de hacer este libro.
Te amo hasta el infinito y más allá.
Rosiris*

*Esto va para mi madre, Ivette, y mi abuelo,
Andre Le Marc, inagotables fuentes de amor,
ejemplo e inspiración.
Elena*

*A nuestras madres, quienes juntas lograron este
milagro de amor, Momento Santo,
una ventana al alma donde todos podemos mirar.*

PRÓLOGO

¿Por qué hablar de Momentos Santos?

Un Momento Santo es una ventana abierta al alma que todos podemos mirar.

Estos textos tienen el objetivo de abrir las conciencias de quienes los leen. Para las autoras, un Momento Santo es cualquier acto lleno de amor y de bondad, de tal suerte que toda acción que se hace con el corazón se convierte en Momento Santo, se trata de esos pequeños momentos que nos transforman en mejores seres humanos. Lo bello, lo hermoso, lo sublime están sucediendo cada día y a cada momento, ¡solo que, por lo general, no nos damos cuenta! Así, la esperanza es que el contenido de este libro, con base en las experiencias de actos de amor, nos muestren cómo abrir el alma y mantenerla abierta para que todos se beneficien de lo que cada uno tiene para dar.

Cuando Rosiris tuvo la idea de pedir a sus conocidos que le hablaran de sus Momentos Santos, no tenía muy claro lo que quería, solo había un fuerte impulso de ir en la dirección correcta. De hecho, ese día ya tenía preparado otro escrito que quería compartir. Sin embargo, se sentó frente a la computadora y empezó a escribir. A medida que escribía y narraba su propia historia se dio cuenta del propósito de la idea —¡se trataba del Ser!— se trataba de contactar la experiencia de vivir "El Ser", esa que nos define como humanos, pero en realidad transciende lo meramente humano para alcanzar nuestra verdad, la existencia nuestra más allá de cualquier límite físico o emocional. Contactar esos momentos reales en los que por un impulso que la razón nunca puede explicar, nos movemos en las dimensiones del amor y la bondad. Acciones que van más allá de la aparente personalidad y nos despojan de las caretas que nos hemos impuesto, estas acciones nos llevan de nuevo a la verdad, la única verdad que siempre ha existido, EL AMOR.

En la vida cotidiana hay muchos más actos de amor que de maldad, sin embargo, se nos ha hecho creer de muchas formas que es todo lo contrario, que somos malos y que además no podemos ser esencialmente buenos.

Una de las mayores dificultades que las autoras tuvieron al realizar el libro, fue encontrar personas que quisieran hablar de sus Momentos Santos. La mayoría sentía que no tenía en su vida ningún Momento Santo que compartir, lo cual, lejos de afectar su motivación inicial, le dio mayor impulso. Hablaron con muchos … y al final, un pequeño pero maravilloso grupo de almas les contaron sus hermosas experiencias de Momentos Santos, pero aún quedaban muchos que no los veían. ¡Debían hacer algo!

¿Cómo ayudar a las personas a tomar conciencia de que están rodeadas de amor? Y lo que es más importante, que están llenas de amor. Mostrarles que cuando comparten y se abren a la experiencia de vivirlo y experimentarlo de la manera en que se presenta, la vida ordinaria y llena de una rutina agobiante en la que muchos están sumergidos cambiaría por completo. Las relaciones humanas de cualquier naturaleza darían un cambio sustancial, si todos supiéramos estar atentos al maestro corazón y su función de guiar la experiencia de esta vida.

Este libro no solo contiene los testimonios de las personas, los cuales las autoras fueron recopilando durante su trabajo, sino también se expresan aquí una serie de reflexiones que son producto de las experiencias vividas por ellas y que encontrarán a lo largo de todos los capítulos del libro y a los que podrán buscar bajo el subtítulo "puntos", pero bien podían ser *pasos,* aquellos que damos hacia una mejor comprensión de quiénes somos.

¿Cómo leerlo?

1. Puedes leerlo de corrido, de una sola vez, en busca de una visión global.
2. Puedes leerlo poco a poco, detenidamente, trabajando cada capítulo y sus partes, semejando así un pasaje de la vida.

Sin embargo, el libro contiene un camino. Partiendo desde el primer capítulo, El Ser, hasta llegar a El Milagro, el último capítulo. Conteniendo cada uno de los capítulos una serie de puntos, numerados del 1 al 50, como una guía que nos ayuda a transitar por las experiencias que enriquecen la experiencia específica de ese momento particular de la vida que es como un ritual de pasaje. Esta numeración no es secuencial en cuanto al resultado de la experiencia, pero nos ayuda a mirar la vida como un camino de pasaje y cada instancia de la existencia como una gran oportunidad de realizarnos en nuestros valores más exaltados como seres humanos, en su experiencia espiritual.

El camino que sigue el libro

Hay una secuencia de trabajo donde el ser inicia su andar (capítulo 1), buscando el sentido de la vida, aprendiendo de los niños, llevando el poder personal, el valor, la meditación de sus actos y la generosidad como único equipaje para su peregrinar.

Con este viaje el ser pretende enriquecer la experiencia de vida cada día, entendiendo la vida y, por consiguiente, la muerte (capítulo 2), como la oportunidad de estar vivos, nos permite ahondar en los principios generadores de la vida; la sexualidad sagrada, la relación íntima, el amor y la vida eterna.

En la búsqueda de un propósito, (capítulo 3) el ser se mueve hacia Dios, hacia algo superior y divino, la necesidad de experimentar un amor más elevado a través del perdón, desechando los temores para alcanzar así la felicidad.

Sin embargo, todo precisa de una actitud (capítulo 4). La vida necesita acciones para poder manifestar lo que el alma sueña. Nuestro trabajo es el medio más idóneo y bendito para explayar las múltiples facetas del ser, entendiendo que el juicio solo retarda y atrofia la propia creación, que el dinero está para movernos hacia un mayor propósito, haciendo uso de él y de su debida distribución, en tanto sea necesario para la vida.

Podemos optar por ser modelos que otros puedan seguir, o escoger seguir a otros, de tal forma que la acción (capítulo 5) es indispensable. A través de la actividad nos movemos hacia adelante, creciendo como personas, superando nuestras limitaciones que muchas veces se manifiestan como comportamientos adictivos que nos llevan por caminos equivocados. Solo con el uso de la fuerza personal, mantenemos el ritmo de los deseos del corazón expuestos a la vida como brújulas encendidas de fe, haciendo uso de todas las técnicas espirituales para suavizar el camino. La acción puede ser de guerra o de paz, cada uno decide cómo quiere vivir, infierno o paraíso.

Pero el tiempo, (capítulo 6) maestro de maestros, en su ilusoria existencia juega el papel estelar en nuestras decisiones, seguir el camino trazado. Y entonces reconocemos que nunca hemos estado solos para este tránsito en la vida, siempre han vivido entre nosotros maestros espirituales —en todos los tiempos— quienes con su vida y sus enseñanzas nos abren los caminos del entendimiento del alma y de la existencia misma.

Solo nos queda, pues, establecer las metas que nos llevarán, con su guía, a cambiar y enaltecer nuestro futuro y el del planeta, viviendo desde el lugar (capítulo 7) que nos toque vivir, para traer el cielo a la Tierra, que no es más que nuestra verdadera naturaleza, compartiendo como humanidad una sociedad sana y cooperativa en sus relaciones, (capítulo 8) desde el compromiso de cada uno de nosotros consigo mismo a mejorar y valerse de sus relaciones significativas para comprenderse mejor, para mirarnos y entender que cada vez que entramos en una relación, cualquiera sea su naturaleza, tenemos la oportunidad de sanar, (capítulo 9) incluyendo en este proceso el cuerpo, la educación —base de la evolución humana— la debida integración de la experiencia con el respeto a los mayores y la sanación de todas las partes que conforman ese gran cuerpo que somos como humanidad.

Y cuando hacemos el cambio, nuestra mente se transforma —¡ocurre El Milagro!— (capítulo 10) un nuevo "Ser" emerge, producto de la experiencia de la vida y el reconocimiento de su perfecta e inmaculada presencia, y así elevamos la oración de gratitud al Supremo que nos permitió descargarnos de la ira que nos separó de Él y los unos de los otros por mucho tiempo.

Hagámoslo juntos: ¡llenemos este mundo de milagros! Convirtámonos en lo que somos: ¡Perfectos Hacedores de Milagros!

Rosiris Fernández

AGRADECIMIENTOS

Quiero dar gracias a Dios, ante todo. Nada de lo que escribí hubiera sido posible sin su guía.

A Carlos, mi esposo, por su amor, paciencia y su confianza en mí.

A mi tía Miriam, compañera inseparable de mis aventuras y motor inspirador de mi vida.

A mi amiga Trina Monagas, mi gratitud por su valioso trabajo de poner orden y claridad en mis ideas.

Y, por supuesto, a todas las personas que con sus testimonios ayudaron a hacer posible este hermoso viaje.

Rosiris

A mi amiga-hermana Rosiris, cuyo enorme corazón fue el responsable de esta hermosa aventura.

A mi hija Claudia, con su cariño y amor, me acompañó incondicionalmente a cumplir mi sueño.

Elena

CAPÍTULO 1
LA EXPERIENCIA DEL SER

*Patanjali describe la ignorancia
como la interpretación errónea
de nuestra verdadera naturaleza.*

Empezar a escribir sobre el Ser es empezar por el final. Por lo tanto, este libro comienza por el final. El viaje se inicia con el ser, para llegar al 'Ser' al final de nuestro periplo. Esta presencia, el Ser, es el propósito final de quiénes somos, pero también el principio de la existencia. Sus atributos incluyen el amor, la bondad, la paz y la prosperidad. Escribiremos aquí desde la visión del atributo del amor, para muchos conocido como la Ley del Amor, la cual rige el universo que habitamos.

El amor constituye la esencia misma de lo que somos, de lo que estamos hechos. Una vez que tomamos contacto con esta parte nuestra, la vida se modifica de una manera espontánea, aparecen soluciones donde no las esperábamos, llegan oportunidades nunca imaginadas, se producen sanaciones ante graves enfermedades. Encontramos la clave que por siglos hemos buscado, nos encontramos con nosotros mismos, nos encontramos con el Ser. Pero el amor, base y sustancia primordial de todo lo que existe, debe ser descubierto, debe ser develado. Siempre ha estado allí, sostiene toda vida que existe. La experiencia de estas energías o fuerzas es lo único que necesitamos, debemos experimentarlas, dejar que esa fuerza que se expresa en todo lo creado nos envuelva, y así saber que cada átomo de nuestro cuerpo es un mar infinito de amor y perfección.

Este amor del que hablamos no es un amor romántico, este es otro tipo de energía. El amor que sustenta al Ser es un amor que crea, completa e incluye, que expande y hace crecer más allá de cualquier límite que reconozcamos en nosotros. En ese momento, cuando nos contactamos con esa fuerza, aparece la santidad en la vida, **el Momento se hace Santo**, momento que es eternidad misma, porque siempre ha existido, y es santo porque nos hace perfectos y libres de culpa en el mismo instante en que lo experimentamos.

La sustancia que permea todo, es la misma sustancia que lo crea. Cuando tomamos consciencia, cuando la experimentamos, significa que nos convertimos en esa sustancia, ¡somos amor! Experimentamos la creación, la totalidad y la pertenencia —y entendemos que no existe nada en el mundo que no podamos realizar.

Así, cuando lo vivimos, cuando dejamos que el Momento Santo ocurra, tenemos la experiencia de Ser, de imbuirnos en esa sustancia y ser plenitud y belleza. Y es en ese momento cuando trascendemos a través de nuestro acto de amor y contactamos con la verdad de lo que cada uno de nosotros es. Por eso, tanto la persona que recibe un acto de amor como la que lo da, no son diferentes y quedan marcadas profundamente por la experiencia, aun cuando a veces no lo noten.

Podemos así inferir, que El Amor es la más poderosa de las energías que podemos sentir, es tangible e intangible, visible e invisible, mágica y cotidiana, lo abraza, lo envuelve todo con su fuerza y su poder ilimitado. Nosotros somos apenas instrumentos, o como lo dice la Madre Teresa: "Lápices en las manos de Dios", con la oportunidad humana de repartir amor y así tener el privilegio de vivir un día bien vivido cada vez que regalamos un Momento Santo, es decir, un trozo de nuestra esencia, destinada a hacer el bien en forma indiscriminada. Quien ha vivido esa experiencia, sabe lo gratificante que es, lo pleno que se puede uno llegar a sentir, a través de un acto simple y a la vez grandioso que ilumina el día y llena de gozo. En realidad, experimentar un Momento Santo es tan gratificante para quien lo recibe como para quien lo da, es la manera que tiene Dios de hacernos sentir Uno con la energía del amor, y permitirnos trascender al mágico conocimiento del otro desde uno mismo reconociendo que somos un todo, un mecanismo perfecto que comienza a funcionar en el instante en el que entendemos las necesidades y la importancia del otro. Es cuando extendemos nuestros brazos, nuestra intención, nuestro amor hacia el otro, y nos unimos en un abrazo universal, que todo comienza a funcionar a la perfección al mejor estilo de un reloj suizo.

Punto No. 1
El sentido de la vida

"Las creaciones de Dios
han existido siempre
porque Él ha existido siempre".
—*Un Curso de Milagros*

¿Cuál es el sentido de la vida?

La respuesta es tan sencilla que la mayoría de las personas a las que se las decimos se sienten defraudadas. Estas siempre esperan oír historias especiales o posturas filosóficas más complejas cuando nos escuchan decir: "El único sentido que tiene tu vida es vivirla". Nos miran con cierto disgusto, pero es cierto y además sorprendente saber que cada uno de nosotros fue creado para vivir y que cuando nacimos ya teníamos dentro de cada uno todas las experiencias que iríamos a experimentar durante el viaje asombroso de la vida. Vamos abriendo las experiencias como paquetes de regalos, no sabemos qué tienen, el gozo es descubrir qué vendrá con cada experiencia y para cada una de ellas tenemos todos los recursos que necesitamos.

Compartimos con Dios su poder creador: nuestras obras son como las de Él, y decir esto no es arrogancia, pero es que sin Su ayuda ninguno de nosotros lograría nada. Y con el poder de creación otorgado también se nos dio el poder de acrecentar su Reino y eso nos incluye a todos. Cuando vivimos y experimentamos nuestro poder creativo expandimos nuestro propio ser. La manera más fácil de verlo es cuando tenemos hijos. Empezamos siendo una pareja y luego de cierto tiempo somos muchos más de los que empezamos, nos hemos expandido, hemos sido capaces de crear. Esto sería en el plano físico, donde es más fácil verlo. También tenemos la maravillosa posibilidad de expandir las energías que tienen un carácter sutil, tales como el amor, la paz, la abundancia. Al aceptar que tenemos ese poder, aprendemos también a recordar de dónde viene y, por ende, lo que somos.

Lo que creemos ser determina en gran medida lo que iremos creando, la vida que experimentaremos. Si uno piensa que es un hijo perfecto de Dios, entonces sus creaciones serán tan perfectas como perfecto es el Padre. Si, por el contrario, uno siente que no tiene nada que ver con el Creador, sus creaciones estarán sustentadas en su propio sistema de creencias, en lo que ha aprendido de afuera. Esta creación es efímera y carece de perfección, y las consecuencias siempre conducen al fracaso, el dolor y la pérdida. Cuando miramos hacia nosotros mismos desde la perspectiva de la vida que llevamos y nunca de la vida que somos, comienzan todos nuestros problemas. Hay una gran diferencia entre ambas. Esta diferencia es la causa de la mayoría del sufrimiento humano.

Tener una vida, es tener la oportunidad de experimentar. La experimentación es la verdadera base de nuestra vida; y cuando lo hacemos conectando realmente con lo que somos, con nuestra verdadera esencia, esa que hemos llamado amor y que nos permite vivir los Momentos Santos, y si además lo hacemos metidos en el instante, viviendo el momento presente, encontramos que allí está la esencia de todo.

Y como dijimos al principio, el único sentido que tiene la vida, es vivirla, con todo lo que trae y como queramos vivirla, ¡pero VIVIRLA A CONCIENCIA PLENA!

El sentido de la vida y, por lo tanto, para vivirla de la mejor manera, es profundizar en nuestro propósito, intentando descubrir lo antes posible cuáles son los dones que Dios nos dio, para ponernos manos a la obra, usando las herramientas que Él decidió regalarnos para emplearlas al servicio de los demás.

Si bien la primera entrega de amor, sin manual de instrucciones, es ser padres y hacemos el mejor trabajo desde el corazón, del mismo modo podemos, usando los talentos en los que somos diestros, ayudar al otro y así vivir una vida plena y llena de sentido, convirtiéndola en una continua hilera de Momentos Santos, los cuales dan luz y sentido a nuestras vidas.

Así nos lo contaron...

"Yo soy un joven cualquiera, enamorado de la vida y las muchachas. Sucedió una vez, luego de mucho insistir, que la mujer que tanto anhelaba conquistar finalmente accedió a salir conmigo. Esa tarde salí feliz con el propósito de iniciar una nueva relación en mi vida.

Iba caminando y en el trayecto vi a un anciano que estaba sentado en el porche de su casa. Llamó mi atención, pero debía llegar a tiempo a mi cita y aún tenía que caminar unas cuadras más, así que opté por continuar mi camino.

El señor en cuestión estaba sentado en una banqueta, sus pies descalzos, sus cabellos blancos como la nieve al igual que su bigote y unas arrugadas manos que sostenían temblando un viejo bastón de madera.

Por el frente de su casa pasé mirándolo y al cambiar su mirada fijándola en la mía, le sonreí y lo saludé con un gesto. No estaba seguro, pero me pareció ver una lágrima en su rostro. Me fue difícil cruzar la calle para acercarme, preguntarle qué le ocurría o consolarlo. Y es que me convencí de lo contrario: *Estás apurado...*, me dije, porque tenía que llegar a tiempo a la cita con la chica de mis sueños.

En fin, no me animé, si bien noté la necesidad que mostraba aquella lágrima, seguí mi camino, pero sin lograr convencerme de que hacía lo correcto, ¡mi corazón me impulsaba a otra cosa!

Después de varias horas, la imagen del señor aún estaba en mi mente, así que le comenté a la muchacha lo que me preocupaba.

—¿Por qué estas así? ¿Por qué te preocupas por alguien que no conoces? Todos tenemos problemas y no siempre encontramos ayuda.

Estas palabras vacías de mi acompañante me decepcionaron.

En el camino de regreso, no dejaba de reprocharme el no haberme detenido. ¡Y todo por una persona que no mostraba rasgos de compasión en su corazón!

Traté de olvidar, pero la lágrima no se borraba de mi mente. No pude dormir, ¡y esa noche surgió un propósito!

Bastante temprano me desperté, preparé café, compré panecillos y muy de prisa fui a la casa del señor, convencido de que tendríamos una gran charla. Golpeé la puerta, salió otro hombre que me miró con un gesto extrañado. Le dije:

—Hola, busco al anciano que vive en esta casa.

—Mi padre murió ayer por la tarde —dijo entre lágrimas.

—¿Murió? —pregunté decepcionado—. Ayer tarde lo vi sentado afuera de la casa y lo saludé.

—Pase. Usted es la persona de quien él hablaba en su diario. —Y luego de servir un poco de café, me llevó a donde estaba el diario.

Perplejo leí: *"Hoy me regalaron una sonrisa y un saludo amable. Soy muy feliz, es un bello día"*. Me dolió en el alma. Si hubiera cruzado la calle… y hubiera conversado con él...

Pero el hijo del señor me detuvo y dijo:

—Usted le dio su saludo y su sonrisa. Significó mucho para él en su momento, él fue feliz gracias a usted. Muchas gracias".

Punto No. 2
Aprender de los niños

La Bruyere nos dice:
"Los niños no tienen ni pasado ni futuro,
cosa que no nos ocurre a los adultos,
ellos disfrutan el presente".

Aprender de los niños deriva de un proceso de observación profunda y a la vez de introspección. Sin duda, los niños tienen denominadores comunes: la sinceridad, la inocencia, la constante capacidad de asombro, la felicidad, la tristeza eruptiva. Diríamos que son seres de puro sentimiento. Ellos se expresan sin temor a que los juzguen, pues no conocen el juicio. Se divierten cada día, porque simplemente viven el momento presente con alegría e intensidad, y son capaces de ocuparse y de pasarla bien con muy pocos recursos. Ellos se enfocan en vivir el ahora pues es lo que tienen. Esa es una gran lección para nosotros. ¿Cuántas veces encerramos nuestro presente con añoranzas del pasado o en expectativas futuras? Quizás sea esta una manera de evadir nuestra realidad presente: refugiarnos en recuerdos placenteros de nuestro pasado o en expectativas de un futuro mejor para no asumir un presente o una realidad desagradable, sin darnos cuenta de que, de esta forma, perdemos lo único que en realidad tenemos: el hoy, la nueva oportunidad que nace con cada amanecer para hacer lo que en realidad anhelamos. Cada mañana es un lienzo en blanco, que podemos pintar con el paisaje que más nos inspire. Seamos cada día ese pintor que decide cómo colorear su mundo...

La espontaneidad, es otra hermosa característica de los niños. Ellos dicen y hacen lo que sienten con absoluta sinceridad ya que solo sienten, no procesan por la mente. Por ello, de la espontaneidad deriva la sinceridad, característica fundamental del ser humano, la cual va perdiendo su esencia al crecer y se esconde tras las máscaras que vamos creando como adultos por temor a develar nuestros sentimientos y dejarnos ver cómo somos. Los niños, por otro lado, son libres, llegan con sus verdades aplastantes y las dicen sin temor porque expresan lo que en verdad sienten. Como bien anota Aldous Huxley: "Los niños son increíbles por su inteligencia, ardor, curiosidad, por su intolerancia a la falsedad y por la cruda claridad de su visión".

Son tantas las cualidades de los niños que vamos escondiendo cuando nos hacemos grandes, que el solo hecho de pensar en ello asusta. Otro sería el mundo si pudiésemos guardar y mostrar nuestra autenticidad a todos sin disfraces, viviríamos en un espacio más sincero, directo, puro, feliz y definitivamente más sano y sencillo.

Por ello, al crecer, debemos siempre mantener vivo a nuestro niño interno, aquel que nos da alegría, disfrute, espontaneidad. Para ello, sería bueno seguir la recomendación de Rachel Carson: "Para que un niño mantenga vivo su sentido innato del asombro, sin que ninguna hada le dé ese don, él necesita de la camaradería de al menos un adulto con el cual pueda compartirlo, redescubriendo con él la felicidad, el entusiasmo y el misterio del mundo en el que vivimos". ¿Como lo logramos? Manteniendo vivo y presente en la adultez a nuestro niño interno, cuidando muy bien de él, permitiéndonos ser felices, vivir en el ahora, llorar si es lo que necesitamos, diciendo las cosas con sinceridad y disfrutando la vida con el brillo en los ojos de un niño.

No debemos perder el entusiasmo por la vida y vivir cada día con la alegría de un nuevo amanecer, entendiendo que el nuevo día nos trae infinitas oportunidades para vivir con pleno gozo, como venga, con la claridad suficiente para comprender y apreciar que —como lo dice Arjona— "Las nubes grises también forman parte del paisaje".

También de los niños aprendemos el difícil arte del desapego. Nuestros hijos son, y siempre serán, nuestro mayor tesoro y estamos por siempre unidos a ellos; pero, paradójicamente, vienen a enseñarnos el arte del desapego. Es decir, para hacer de ellos seres humanos funcionales y felices, debemos darles un nido y en su momento enseñarles a volar, a ser independientes y saludables y a disfrutar del mundo desde su propio vuelo y perspectiva. Entender la crianza de un hijo de esta manera, les permitirá a ellos crecer siendo seres amados, amables, adaptados y funcionales. Ellos son nuestros mayores maestros de vida, de amor, entendiendo el amor no en forma posesiva, sino libre de transitar por el camino de la felicidad del otro. Así lo expresa Kahlil Gibran: "Tus hijos no son tus hijos. Ellos son los hijos y las hijas de la vida deseando ser vivida… puedes darles un hogar a sus cuerpos, pero no a sus almas". Si logramos entender esta lección de desapego, habremos entonces recibido nuestro mayor aprendizaje de amor, entendiendo que el privilegio que recibimos de Dios, al dar vida y cuidar de otro ser humano con todo nuestro amor, es una maravillosa oportunidad de vivir un Momento Santo.

Así nos lo contaron…

"Mi Momento Santo no tiene que ver conmigo, fue algo que yo presencié y me enseñó mucho de cómo debemos actuar los seres humanos.

Estaba una vez en la plaza principal de mi ciudad, una pequeña localidad, con una pequeña plaza, y yo me había sentado a esperar a una amiga que se estaba demorando mucho. Mi amiga nunca era puntal. Para esa época no estaban los celulares, como hoy día, que te ayudan a pasar el tiempo si estás aburrido; y bueno, yo lo estaba. Así que me entretuve viendo pasar a las personas y me divertía pensando en qué estaría pasando en sus vidas e imaginando historias.

El caso es que me puse a mirar a una niña que jugaba persiguiendo a las palomas en la plaza. Ella les daba comida y luego las correteaba. La niña no tendría más de cinco años, era morena con un cabello rebelde de controlar que le tapaba toda su carita cuando se agachaba para darle de comer a las palomas, sus ropas indicaban que no era adinerada, pero tampoco pobre, en fin, era una niña normal, y estaba tan absorta en su juego que me llevó a mí con ella en sus aventuras. Corría de aquí para allá y vuelta de regreso al mismo sitio. Su padre la observaba a ratos, pero estaba más concentrado en su lectura, leía un periódico local, yo en mi imaginación pensé que buscaba trabajo, pues es difícil ver a un hombre con una niña a media mañana sentado en una plaza, seguramente no tenía trabajo.

Lo cierto es que allí estábamos los tres sentados, esperando cada quien algo, cuando de repente apareció un señor, muy mal vestido, era un indigente, esos personajes de los pueblos que todos conocemos y que de niño les tememos porque nos dicen que es "el loco". Él iba con un andar lento, como a quien le pesan todas las miserias de la vida. Aquel señor llevaba un pedazo de pan en la mano y también se quedó mirando a la niña en su juego. De pronto, como por un impulso, se le acercó y le entregó el pan. Fue un momento muy tenso para mí, su padre se levantó de inmediato se acercó al hombre y le dijo que se alejara de la niña. El señor le respondió con voz tranquila: "Yo solo quería darle este pan para que se lo dé a las palomas, ellas también tienen hambre, lo siento", y luego se alejó. Fue un momento muy breve, pero a mí se me hizo eterno, yo no había quitado los ojos de la niña y tampoco ella del señor que le ofrecía el pan.

Lo que sucedió luego fue lo más hermoso que he visto en mi vida: cuando el señor se alejaba, la niña echó a correr, ya no detrás de las palomas sino tras el señor y lo abrazó. El papá de la niña y yo nos quedamos paralizados, no me pude aguantar y empecé a llorar. El señor le devolvió el abrazo, se rio y suavemente la alejó de sí. Oh, Dios, esa niña, ese pequeño ser, nos estaba diciendo a su papá, a mí y a toda la humanidad, que no importa cómo somos por fuera, ni cómo nos vistamos, debajo de esas ropas hay un ser humano digno de amar y respetar como cualquier otro.

Espero les haya gustado, porque yo atesoro ese momento como uno de los más importantes de mi vida".

Punto No. 3
Poder personal

> *"Tu tarea no es buscar el amor,*
> *sino buscar y encontrar las barreras*
> *dentro de ti mismo que has construido contra él".*
> —Rumi

Cuando pensamos en el poder personal, siempre lo asociamos a la capacidad que tiene la persona de ejercer cierto tipo de control sobre otras personas, situaciones, etc. Es así como, por error, el poder personal está asociado de alguna manera al control externo.

Si el control se contextualiza en una situación de libertad y de amor, la persona refleja un grado de contento y satisfacción consigo misma que automáticamente le confiere ese poder en los actos de su vida e incluso en la vida de los otros. De esta manera, la persona que bajo el imperio de la libertad de elegir decide sus actos de manera coherente, siempre refleja una posición que la hace creíble a todas las personas, aun cuando lo que ella haga o diga no esté necesariamente de acuerdo con ellos.

El poder personal estaría entonces muy relacionado con la coherencia en la persona. Los actos, pensamientos y sentimientos deben estar en armonía. La persona se conduce de una manera clara, transparente. Si por el contrario no hay coherencia entre lo que dice y lo que hace, probablemente menos en lo que siente, la persona está perdida y lo que logra es confusión y caos a su alrededor.

Por lo general, las personas que actúan con coherencia son percibidas con credibilidad y hasta con cierta honorabilidad en los actos de su vida. Estas personas han decidido vivir bajo ciertas condiciones. Una de estas condiciones es que decidieron qué pensar, toman el control de sus pensamientos y deciden libremente emitir pensamientos que generen emociones que les dan el poder necesario para actuar.

Cuando los pensamientos escogidos están relacionados con estados de paz, alegría, amor y compasión, estos se alinean con la energía positiva que los denota, de tal forma que las decisiones que se toman son las correctas y se formulan de una manera más fácil. Sus emociones más calmadas les permiten realizar actos más asertivos, y crearán muchos Momentos Santos en su actuar en la vida. Estas personas tendrán más y mejores oportunidades de ir forjando situaciones que generen en los otros apoyo y seguridad. En fin, estarán más dispuestas, con este poder, a instaurar una mayor y más consciente sucesión de Momentos Santos en su vida.

Ya vimos que lo que pensamos nos ayuda a alinearnos con emociones positivas que nos dan mayor poder personal. Así encontramos, que la forma cómo nos sentimos y pensamos está relacionado con lo que define el poder personal. Cuando decidimos ser paz, amor y compasión, se gana un poder que viene de esa misma fuente que generó todo lo creado. Por eso, es a través de la coherencia en lo que piensa, dice y hace, que la persona se llena de una energía que se expresa en pura armonía.

Los especialistas que han estudiado el poder, tal como el doctor David Hawkins en su libro *El Poder contra la Fuerza*, en el cual propone una escala de conciencia, señala que hay varios niveles de conciencia y estos corresponden con ciertas emociones, filtros de percepción y además ciertos niveles de energía.

Él explica que: "Todos los niveles bajo doscientos destruyen la vida a la larga en el individuo y en la sociedad; todos los niveles sobre doscientos son expresiones constructivas de poder. El nivel decisivo de doscientos es el punto que divide las áreas generales de la fuerza y el poder".

A los niveles por debajo de doscientos, Hawkins los llama grados de falsedad. Y son esas emociones y situaciones en las que percibimos lo que no podemos controlar y en las cuales por lo general pensamos que el problema lo ocasiona otro. Es decir, otra persona u otra cosa tiene el poder o el control sobre la circunstancia que nos ocurre. Estas emociones serían: vergüenza, culpa, apatía, sufrimiento, tristeza, miedo, deseo, enfado y orgullo. En estas circunstancias, perdemos todo el poder personal.

Por el contrario, los pensamientos asociados con emociones como las que hablamos anteriormente de paz, amor, compasión y valor, generan sentimientos de control sobre nuestra vida y nos dan la libertad de elegir cómo nos queremos sentir y vivir. Esto se llama Poder Personal, y lo tenemos todo para manifestarlo.

Parte importante del Poder Personal, es reconocerse de forma sincera, auténtica, saber honestamente quiénes somos, desde el espacio de la verdad; y desde allí aceptarnos tal y como somos, con nuestras virtudes y defectos.

En el sentido profundo, saber conocernos y aceptarnos como creaciones de Dios, como sus instrumentos, y abrazar sus realidades y sentirnos orgullosos de nosotros mismos, no por ser mejores o peores, que las comparaciones son innecesarias y una pérdida de tiempo, sino simplemente orgullosos por ser tal y como somos, para, desde allí, trabajar cada día para ser la mejor versión de nosotros mismos. Esta certeza, este conocimiento profundo de nuestra propia verdad, nos dará las herramientas necesarias para enfrentar los retos que necesitemos sobrellevar para el propio desarrollo personal y, a la vez, sentirnos tan bien en nuestra propia piel y creer tanto en nosotros mismos, que seremos inmunes a las críticas u opiniones ajenas, buenas o malas, pues contamos con nuestra propia percepción del ser; y desde allí, lograremos iniciar nuestras misiones de vida.

El poder debemos considerarlo aquí con una connotación positiva, ya que a menudo la palabra poder se asocia con ideas negativas; como tiranía, dinero, abuso, excesos. Aquí, el poder lo consideramos como una herramienta fundamental para potenciarnos a nosotros mismos. El Poder Personal busca traer a la conciencia, y en positivo, todas nuestras buenas cualidades; como la bondad, la paciencia, la sabiduría y la generosidad; de manera que logremos potenciar todos estos ingredientes en nosotros mismos y llevarnos de esta forma a ser mejores personas. Balzac lo expresa así: "Todo poder humano se conforma en una mezcla de paciencia y tiempo. La gente poderosa espera y cuida".

Ese es el tipo de poder que debemos reforzar dentro de nosotros, el que nos convierte en mejores personas. Al darnos cuenta de lo poderosa que puede ser una buena acción, reconocemos en nosotros el poder que tenemos de hacer sentir bien al otro. Como lo expone Abraham Rotstein: "El poder es el reconocimiento de la necesidad".

Una vez que concientizamos nuestra fuerza y capacidad bondadosa, activamos en nosotros un mecanismo de acción que nos lleva a la producción infinita de Momentos Santos, pues no solo reconocemos los beneficios de la bondad sino también su extrema necesidad en un mundo carente de sentimientos y de ayuda al prójimo. Se trata de descubrir ese maravilloso don que todos llevamos dentro y ponerlo a trabajar. En palabras de Renan: "Saber es poder". Una vez que sabemos reconocer nuestro enorme potencial personal, entonces damos el siguiente paso adelante que es conectarnos al otro. Desde el propio reconocimiento hacia la necesidad del otro de recibir el bien que llevamos dentro, como lo dice Peter Newman: "El poder tiende a conectar, el poder absoluto conecta absolutamente".

Por ende, nuestro deber es potenciar nuestro Poder Personal de hacer el bien incansablemente con el fin último de marcar al que se beneficia de nuestra ayuda y a la vez generar en el otro esa necesidad de devolver el bien que recibió indiscriminadamente en una cadena infinita de amor y de Momentos Santos. Como dice Ralph Waldo Emerson: "Los mejores efectos de las personas increíbles se sienten una vez que no estamos ante su presencia".

Así nos lo contaron...

"Estaba una vez de visita en el hospital, cuando conocí a una joven señora que hacía trabajo voluntario allí. Era un reconocido hospital oncológico y tenía un fuerte movimiento de pacientes. La palabra cáncer siempre presume una cierta sentencia a la persona que la padece, pero estar allí, dentro de las instalaciones, y vivir la experiencia era aún más abrumador. Sin embargo, esta señora mostraba una gran sonrisa, maneras muy suaves y una verdadera disposición a ayudar. Este no era un hospital cualquiera, las personas allí tratadas estaban sometidas a duras terapias y pronósticos poco halagadores; así que me dio mucha curiosidad cómo podía conservar esa bella sonrisa en el rostro, tanta paz, además de la cantidad de energía que utilizaba en ayudar en un lugar tan poco grato.

Ella me contestó: 'Ahora es fácil, en verdad le digo un secreto, lo aprendí aquí, con los mismos pacientes. Le voy a contar quién fue mi maestra.

Cuando recién empecé a trabajar en el hospital, me tocó ayudar a una niña de catorce años, recuerdo perfectamente su edad por la importancia que tenía para ella su próximo cumpleaños... La niña había sido diagnosticada con cáncer óseo en su pierna derecha, todos los tratamientos que le fueron suministrados para detener el problema no funcionaron y le iban a amputar parte de la pierna. Yo, ante esa situación, no encontraba qué hacer o decir cuando la fui a atender ese día que me tocaba mi guardia, pero ella estaba allí sonriendo y no paraba de hablar y contarme cosas... ¡Planes para el futuro! Sin embargo, ese día me fui muy triste a casa.

Una semana después, me tocaba volver a visitarla, yo estaba más triste aún y sentía mucha lástima por ella. ¿Cómo iba a vivir una muchacha tan joven sin una parte de la pierna? ¡Cómo estaría su ánimo! En fin, iba aterrorizada por el encuentro.

Dentro de sus maravillosos planes de la semana anterior, estaba la alegría por su baile de quince años, un evento muy importante para cualquier joven. Mis pensamientos vagaban de aquí para allá en sus palabras, la ropa que usaría, los zapatos que se pondría, la pieza que iba a bailar... ¿Cómo iba a bailar su vals de quinceañera? Este era su mayor sueño.

¿Qué estaría pensando ahora? No, no, definitivamente yo no quería entrar a ese cuarto, todos sus sueños destrozados y además faltaba saber si la operación fue exitosa. Pero, armándome de valor, entré y me quedé paralizada: allí estaba Mariana, así se llamaba la joven, con la sonrisa más grande y hermosa que haya visto. Me dijo: "Ven Laura, siéntate aquí". Yo había rogado por un milagro y pensé: *¡No la operaron! ¡Está* *bien!* Entonces le pregunté muy desconcertada: "¿No te operaron? Yo te veo bien". A lo que ella respondió: "Sí, tonta, claro que sí. ¡Mira!". Y me mostró su pequeña pierna amputada. Ahora yo no comprendía nada. ¿Por qué ella estaba tan feliz?

Al momento, entró el doctor que la atendía y ella le decía casi a gritos: "Cuéntele doctor, cuéntele a Laura la feliz noticia". Como si pudiera haber algo de feliz en perder una pierna. Y el doctor me dijo: "Mariana va a recibir una prótesis para su pierna y pronto se le va a colocar, así ella podrá aprender a caminar y usar su pierna perfectamente de nuevo".

A lo que ella feliz agregó: "¿Te das cuenta Laura? Ahora puedo bailar el vals y el doctor también va a bailar conmigo". Yo seguía allí tan aturdida como al principio y a la vez muy agradecida con aquella niña que me enseñó en un instante lo que es el valor y la fe. Y también a transformar el momento más oscuro en una luz más radiante que el sol, como lo era su resplandeciente sonrisa a la vida por lo que tenía y no por lo que perdió.

Desde ese día me siento muy feliz aquí. Por eso sonrío, porque sé que detrás de cada historia difícil y triste hay muchas cosas más por las cuales estar felices y agradecidos, y eso quiero trasmitirlo a todas las personas que aquí llegan.

Mariana tuvo su fiesta, bailó y la disfrutó mucho, sin embargo, murió dos años después, había perdido su batalla contra el cáncer; pero ese día su sonrisa llenó de un Momento Santo toda la habitación y con ella cambió la vida del doctor y la mía'".

Punto No. 4
Tener valor

"No es valiente aquel que no tiene miedo,
sino aquel que sabe conquistarlo".
—Nelson Mandela

Se necesita gran valor y poder personal para mantenerse en períodos de grandes males.

La valentía está asociada al heroísmo, la gallardía y el valor. Cuando una persona es valiente, logra vencer sus temores o dudas y actúa con decisión y firmeza. La valentía se demuestra en los grandes actos, como en una guerra o una emergencia; pero también en las pequeñas acciones cotidianas, como al decir una verdad dolorosa a un ser querido.

Cuando actuamos con valentía no significa que no tengamos miedo, o dolor, o rabia, significa que nos sobreponemos a las emociones y hacemos las cosas a pesar de tener esos sentimientos. No permitimos que eso nos paralice.

El valor imprime una fuerza y una decisión en la persona, que muchas veces se reconoce como sobrehumana, como es el caso de madres que ante el peligro que enfrenta un hijo actúan con mucha valentía y hacen actos heroicos incluso por encima de sus capacidades físicas y/o por largos períodos de tiempo.

Conocimos a una señora, que a pesar de ser bastante mayor cuidaba a su hijo, un hombre adulto y mucho más grande que ella. Él tenía una enfermedad que lo paralizó, ella lo bañaba y lo atendía en todo. ¿Cómo lo hacía siendo tan pequeña y frágil? Pues bien, ella ni por un momento pensaba que no lo podía hacer, el amor por ayudar a su hijo le daba el valor para hacer todo lo que físicamente no le era posible hacer.

El valor es una virtud que tiene sus cimientos en el amor y la fe. Cuando una persona logra desarrollar esta virtud, las dificultades y los impedimentos no son percibidos como tales, al menos no como algo que vuelva todo imposible.

El valor entonces se puede desarrollar, se puede acrecentar y darle otro sentido a las situaciones que son causa de temor y rabia (lo que no es más que otra forma de tener miedo). Una de las formas más recomendadas para vencer el temor, es abrazar el temor mismo. ¿Y qué significa esto? Pues no es más que exponerse a lo que nos causa temor.

Estamos hablando de situaciones cotidianas de la vida que en muchas oportunidades obstruyen el éxito pues las enfrentamos llenos de miedo o nos paralizamos y no las enfrentamos.

El miedo es una falta de conexión con nuestro ser. Es fácilmente reconocido que este es aprendido en el hogar, en la escuela o por experiencias difíciles o traumáticas, pero también sabemos que personas de una misma familia o personas expuestas a un mismo trauma, desarrollan menos temor que otras, o ninguno. ¿Qué hace la diferencia entre ambas personas? Evidentemente hay algo más allá del mero aprendizaje, que no vamos a negar que tiene un peso importante, pero ¿qué hace que una persona se sobreponga y salga adelante y la otra se anule y paralice por el miedo?

La persona que tiene valor siempre muestra confianza en sí misma, cree dentro de su ser que las habilidades o cualidades para hacer lo que precisa hacer, las tiene y confía en ellas. Hay una energía que moviliza a la persona, pero ella sabe que esa energía no proviene de afuera, sabe que la fuerza en la que confía viene de su fuero interno, no necesita que le validen sus puntos de vista, ella sabe, tiene la certeza de que puede hacer lo que tiene que hacer. El temor solo lo usa para movilizarse, el temor le da valor. Paradójico, ¿no? Sabe que cuando traspase el umbral de la oscuridad encontrará algo mejor que lo que percibe. En eso radica la fe. No hay nada que genere mayor satisfacción que vencer el miedo. El tiempo es un factor importante, cuanto más demoremos en hacer lo que tenemos que hacer para conseguir la libertad, la dicha, la salud, el amor, pues más difícil resultará cada día.

Como señalábamos anteriormente, el valor tiene sus raíces en el amor, toda vez que vemos las situaciones difíciles como un llamado a encontrar lo que en verdad se ocultaba bajo la fachada del temor. Por lo general se encubre la verdad de la vida, la libertad, el amor, la salud, la alegría, la prosperidad. Cuando damos ese paso, llenos de valor, lo que en realidad tenemos es una comprensión de amor, un anhelo de encontrar ese regalo que una vez perdimos bajo la capa oscura del desconocimiento de nuestra verdadera esencia.

En las próximas páginas experimentaremos los distintos conceptos de lo que para las personas significa tener valor. Tener valor, es atreverse a ser sincero, a ser honesto, a pensar diferente aun cuando no convenga. Anatole France lo expresa así cuando dice: "A medida que envejecemos, nos damos cuenta de que el coraje más raro es el de tener el valor de pensar". Con esto hablamos de pensar lo que sea que pensemos y expresarlo sin temor, aun cuando nuestras ideas no sean cónsonas con las de los demás.

En cierta forma, el valor nace del conocimiento profundo de uno mismo y de la honestidad interior que sale y se muestra al mundo tal y como es. Ruby Dee lo expresa de la siguiente manera: "El tipo de belleza que más amo, es esa belleza tan difícil de obtener, la que viene de adentro: la fuerza, el valor, la dignidad. Es el coraje de mostrarse al mundo sin máscaras ni disfraces complacientes sino crudos y reales, tal y como somos, sin envoltorios y con una gran sinceridad". Eudora Welty así lo expresa al decir: "Todo acto atrevido nace en nuestro interior". Es algo así como ir de la mano por la vida con nosotros mismos, fuertes, seguros, honrados, con la cara lavada y sin temor a mostrarnos. Es abrazar al miedo y empoderarse, hasta ser más grandes que él y usarlo como trampolín para alcanzar nuevas metas.

Mark Twain así lo expresa: "El valor es la resistencia al miedo, el dominio del miedo y no la ausencia del miedo". El miedo puede ser un impulso que nos empuje irremediablemente a ser valientes, en especial cuando ser valientes es nuestra única opción. En ese instante nos descubrimos a nosotros mismos y nos sorprendemos al sentirnos y vernos más valientes de lo que jamás hubiésemos pensado ser.

John Wayne dijo: "El valor es estar muertos de miedo y montarse al caballo de todas formas". También lo expresó George S. Patton al decir: "El valor es el miedo que resiste un minuto más".

El valor es hacer lo que hay que hacer. Es tomar las riendas, ensillar el caballo y salir a recorrer el camino de aprendizaje que Dios nos regaló en esta vida para internalizar las lecciones necesarias y así convertirnos en mejores seres humanos. Dorothy Bernard tiene una hermosa manera de expresarlo: "El valor es el miedo que ha rezado sus oraciones".

El coraje profundo no solo está en las acciones del momento, él se aloja en la paciencia cotidiana, en la disciplina, en el día a día repetitivo y lento que nos lleva con actos determinantes a lograr un objetivo a largo plazo sin nunca desmayar en nuestros intentos porque tenemos claro nuestro propósito. Así lo expresa Senancour al decir: "El verdadero valor es más paciente que audaz".

La paciencia y la claridad del propósito son los motores que nos impulsan y ayudan a ir cumpliendo metas sin que la desesperación ni la inmediatez nos desvíen. Es tener plena conciencia de qué queremos y a dónde vamos, y que cumplir el objetivo lleva un tiempo necesario para lograr adquirir las destrezas pertinentes que conducen al éxito.

Es trabajar la paciencia y la fuerza interior con la certeza de que todo cuanto hagamos, sin importar el tiempo que nos tome, habrá valido la pena. En cierto modo, este libro en sí es una muestra de valor, el valor de reforzar en las personas sus infinitas capacidades y oportunidades de ser buenos y de hacer de sus vidas un sinfín de Momentos Santos, creando así un mundo más amigable en el cual vivir. Es generar la conciencia en cada individuo de su infinita capacidad de ser maravilloso y de ayudar al prójimo.

Anaís Nin dice: "La vida se encoge o se expande en proporción a nuestro coraje". Tengamos todos el valor de ser mejores personas y extender manos amables, sonrisas, ayudar a otros para poder vivir en un mundo en el todos estamos bien.

William Makepeace Thackeray refuerza la idea al decir: "El coraje nunca pasa de moda".

Aquí les compartimos dos ideas más sobre el coraje: "Las buenas ideas no se adoptan automáticamente. Ellas deben ser llevadas a la práctica con una impaciencia valiente", así lo dice Hayman G. Rickover. Y el mensaje final que deseamos dejar, es como lo expresa Earlene Larson Jenks: "Ten el valor de actuar en vez de reaccionar".

Buscamos concientizar a las personas para ser agentes de cambio, quienes, con su necesidad de ayudar al otro, hagan de este un mundo mejor.

Punto No. 5
La meditación

"La meditación es un momento de quietud
en el que la mente se libera de las ataduras
que la unen a los desvaríos histéricos
de un mundo que se ha vuelto loco.
Es un silencio que hace que el espíritu de Dios
entre en nuestro ser
y que su divina alquimia
actúe sobre nosotros".
—Marianne Williamson

La meditación es el silencio de la mente, esa pausa entre pensamiento y pensamiento que pone a tu disposición el vacío del todo, la abundancia de la vida.

En ese espacio de quietud aparente nos encontramos con la plenitud, entramos en contacto con la totalidad, con Dios, y dejamos de percibirnos como cuerpos, para entrar en la conciencia de lo infinito, que es en realidad nuestra propia conciencia. Lograr este estado es en realidad muy sencillo, pero supone ceder las armas del pensamiento. Se dice que cuando Hermes entregó a los hombres el fuego de los dioses, que era la capacidad de pensar, este fue castigado por la acción, porque de esta manera los hombres serían dioses también. Sí, en nuestra mente, en nuestra capacidad de usarla correctamente, está nuestra liberación y/o nuestra condenación. La mente es el origen y principio de todo, y es en el silencio donde todo está contenido. Cuando al hombre se le regaló la capacidad de usar la mente se le dio el don de la creación.

La meditación, más que ningún otro método, nos lleva a los perfectos estados para poder alcanzar ese poder creador que hay en nosotros. En el libro del *Tao Te Ching* hay un mensaje del sabio Lao Tse que dice: "La realización solo se puede alcanzar cuando se está libre de toda actividad. Las personas atareadas se apartan de su propio centro".

Es en esa quietud del silencio, del no hacer, que en realidad es el hacer en la mente, pues es allí donde empieza toda acción, donde nos volvemos verdaderos creadores de nuestra vida y tomamos control de ella, nos sentimos como nos queremos sentir. Invariablemente, la meta de todo ser humano es ser feliz, amar y estar en paz, todo eso lo aporta la meditación, cuando llegamos a un estado meditativo en la vida, esto se nos da sin ningún esfuerzo.

Hoy en día se ha puesto de moda meditar, se pueden encontrar infinidad de ofertas para meditar utilizando las más variadas técnicas Sin dejar de ver el valor que estas prácticas tienen, el acto de meditar no requiere más que una verdadera disposición de entrenar la mente a tenerla tranquila. Se puede estar meditando y a la vez realizando cualquier labor, claro que lograr esto es de personas con un alto grado de entrenamiento en la meditación. Sin embargo, todos podemos llegar a estos niveles de entrenamiento y lograr mantenernos en estado de completa calma, a pesar de estar en situaciones de estrés.

Buscar la manera de silenciar el parloteo incesante de la mente es lo más importante que uno se puede regalar para que su vida de verdad empiece a tener cambios duraderos y reales. Todos los que leen estas palabras pueden comenzar hoy, solo con unos breves momentos y luego incrementar cada día a medida que se logra mantener ese estado de silencio dentro del ser.

Vale decir que no es casualidad que hoy en día se hable de meditación, es más bien causalidad, pues su práctica se hace más que necesaria y vital para armonizar en un mundo tan convulsionado y demandante como el actual.

Tenemos miles de tareas que cumplir cada día y el tiempo para lograr el objetivo parece cada vez más escaso. Por ese motivo, nos sentimos estresados, agotados, abrumados. Entonces ha llegado el momento perfecto para darle cabida en nuestra cotidianidad a la práctica de la meditación. Es un ejercicio necesario para recuperar el equilibrio de nuestras propias vidas. Como lo dice A. Sertillanges: "No tener tiempo de meditar, es no tener tiempo de observar el propio camino, pues estamos demasiado ocupados caminando".

¿Hacia dónde vamos si no nos tomamos el tiempo de analizar el camino recorrido? ¿Estamos avanzando o dando vueltas alrededor de nosotros mismos?

Meditar es como dejar de ser jugador de fútbol y pasar a ser espectadores de nosotros mismos. Es introspección profunda del ser desde la calma del silencio. Es aprender a navegar en un mar infinito de paz. De este modo, con desapego, se puede lograr una evaluación objetiva de nosotros mismos como jugadores.

¿Por qué cometemos los errores? ¿Qué nos hace cometerlos? ¿Cómo nos corregimos para mejorar?

Pasamos de ser actores o jugadores, a ser observadores de nosotros mismos. Todo esto lo podemos lograr cuando nos deshacemos de nuestros propios personajes y nos ubicamos en un lugar dentro de nosotros mismos llamado "silencio". Charles L. Morgan así lo define: "Permanecer inmóvil escuchando... se trata de la tranquilidad del eje en el centro de la rueda ...es el eje que avanza con la rueda, pero que no gira jamás".

Meditar es buscar en tu interior tu centro y tu equilibrio y desde allí abrir todo tu ser a un espacio infinito de paz. Los objetivos no se logran solo haciendo y hablando, tan importante como estos dos elementos es también el arte de saber escuchar. Démosle la bienvenida a la meditación a nuestras vidas y dejemos que nos guíe hacia el advenimiento de nuestros Momentos Santos.

Diana Robinson explica en forma brillante y sencilla el arte de meditar diciendo: "Rezar, es cuando hablas con Dios; meditar, es cuando escuchas a Dios".

Punto No. 6
La generosidad

"No hay en el mundo más que abundancia,
de esta manera el creador muestra
su generosidad para sus hijos".
—Anónimo

"¿A cuántos de ustedes les gustaría la bendición de Dios en todo lo que hacen? Por supuesto que a todos nos gustaría. El detonante que causa la bendición de Dios es la generosidad. ¿Por qué? ¡Porque Dios es generoso y quiere que aprendas a ser como Él!".

Con estas palabras Rick Warren, autor de *Una vida Con Propósito*, empieza a disertar acerca de la generosidad.

La generosidad es el motor que permite aumentar los bienes en nuestra vida. Cuando un acto de amor o Momento Santo se presenta, lo único que podemos ver es la entrega amorosa de un hermano para con otro. Esta entrega genera en el acto de la vida la aplicación de la Ley de Compensación. Con cada acto entregamos algo que tenemos y nos vaciamos, no escatimamos, entregamos pues todo, y así de igual manera vamos a recibir. Dios o el universo van a tratar de compensar ese vacío.

Cuando actuamos con generosidad, comprendemos que no se trata de nosotros nada más, que la vida se trata de ver al otro, de procurar el bien del ser que puede estar necesitando de nosotros. Podríamos llamarlo el olvido de sí mismo, cuando estamos dispuestos a entregar a los demás los dones que nos han entregado. Cuando entregamos, generamos mayor abundancia en nuestras vidas.

Ser generosos es abrir nuestros corazones para dejar que de ellos emane toda la fuerza que precisamos para la vida. Si la generosidad no fuera parte de nuestra vida ya hubiéramos fallecido. El acto de dar es un acto plenamente asociado a la vida. Por ejemplo, cuando una mujer tiene un hijo, decimos que dio a luz a un bebé, esta mujer entregó al mundo un nuevo ser, y no solo lo entregó, sino que durante nueve meses le dio todos los sustentos que necesitaba para que esa vida se fuera creando, su cuerpo fue el recipiente de ese nuevo ser. Todo fue planeado así, todo fue hecho para que diéramos cuanto tenemos. Cuando respiramos, en el acto de inspirar y expirar, duramos más expirando, es decir, entregamos más aire del que tomamos. Esta es una hermosa enseñanza, tomar lo necesario y entregar más de lo que recibimos.

Al dar y ser generosos estamos creando infinitas oportunidades de que lo que damos continúe creciendo en una actividad infinita de actos que multiplican el acto original.

La generosidad es, por consiguiente, acción, definitivamente nos pone en movimiento, y a través de ese movimiento nos llega inmediatamente la compensación del universo, de Dios. Ya que, al observar el vacío, el universo, que es más generoso que nosotros, nos entrega de regreso más de lo que dimos; y así; entre dar y recibir; vamos aumentando los beneficios de esta hermosa y muy importante ley del universo.

La generosidad mueve el principio del equilibrio; y el universo, en su perfección, entra en acción cuando cualquier acto de generosidad se produce.

Es fácil entonces preguntarnos qué queremos como individuos. Y la respuesta es que lo que deseamos para nosotros mismos, tanto si son cosas materiales como si es el trato que queremos recibir, eso es exactamente lo que debemos entregar generosamente, pero no pensando de manera egoísta, sino entendiendo que lo que cedemos volverá a nosotros para ser repuesto, pero en una medida aún mayor. Es importante recalcar que esta entrega debe ser desinteresada, debe ir llena de sentido, de propósito de entrega y deseo de ayudar. Entreguemos lo que somos, demos lo mejor de nosotros y esto nos regresará multiplicado.

Lo más importante que tiene la virtud de la generosidad, es que nos hace conscientes de lo que somos. Cuando en un acto de generosidad entregamos un bien, estamos actuando de manera próspera y así nos sentimos. Ayudamos a circular el bien material, las personas pronto se darán cuenta de que aquellos que generosamente circulan su dinero o bienes serán los que tendrán más dinero.

Retener, en cambio, es el principio de la muerte; lo que no circula, deja de tener oxígeno y muere. Acumular, en este caso bienes, no conduce a la riqueza, muy por el contrario, se produce seguro una contracción y muerte de ese dinero.

Igual pasa cuando lo que entregamos es amor, las personas que entregan más amor, son aquellas que serán más amadas. Si el amor no se pone en movimiento la persona pronto quedará muy sola y con una sensación de vacío en su vida. Cuando lo que entregamos es alegría y paz al mundo, automáticamente es eso lo que veremos regresar a nosotros en forma de amigos y situaciones de sincronicidad con las cosas y personas perfectas para cada uno.

Las personas generosas nunca están tristes, ni se enferman, ni son pobres, por lo menos no se sienten así. Ellos están sostenidos por todo aquello que dan, es simplemente una ley.

Nuestra amiga Cielo es testimonio de esto, ella siempre está contenta y dispuesta a ayudar, y así nos contó: "Un día vi por la calle a una señora de bastante edad que llevaba muchos paquetes, y me preocupé. Yo iba en mi carro y ella iba caminando y recordé que yo tenía un carrito de cargar cosas en el maletero del auto, y la verdad es que yo podía cargar las bolsas o comprarme otro luego. Así que me detuve, saqué el carrito y se lo entregué a la señora. Ella no entendía por qué yo hacía esto, sentía temor. Yo le dije: 'Usted lo necesita'. Ella me miro a los ojos, me sonrió y luego me abrazó, eso me alegró mucho".

Siendo generosos en la vida, comenzamos a crear muchos Momentos Santos, al entregar aquello que más valoramos, ayudando a otros a ser felices y estar en paz, empezamos a construir ese mundo que queremos para nosotros. Cada momento puede ser un milagro, multipliquemos por mil los Momentos Santos y cambiemos nuestra realidad.

Para hablar de generosidad como elemento fundamental para construir Momentos Santos, compartiremos varias citas que definen el término a cabalidad. Dice Lautréamont: "La generosidad disfruta de las felicidades del prójimo como si fuese responsable de ellas". Hermosa definición del principio mismo de generosidad: es sentirse contentos al ver al otro feliz, sentir esa alegría genuina de algo bueno que le pasa al otro como si nos ocurriera a nosotros mismos. Por su parte, Luc de Clapiers, marques de Vauvenargues lo expresa diciendo: "Los pensamientos elevados vienen del corazón". Pienso que se refiere a que aquellos pensamientos grandiosos o muy sencillos cuyas metas son hacer el bien, necesariamente nacen del corazón, ese músculo vital y que es generador y multiplicador de bondad, allí donde los deseos más puros y altruistas se gestan para luego ser procesados por la mente y llevados a cabo a través de acciones bondadosas que siembran felicidad en otros corazones.

Junto con el concepto de generosidad, viene de la mano la idea de dar. Dar en el sentido más puro, de entrega, de amor, de ayuda desinteresada, desde una sonrisa amable y cálida hasta una ayuda importante, pasando por acciones cotidianas que enaltecen nuestro espíritu cuando con ellas logramos ayudar al prójimo. Así lo dice la Biblia: "Es más bendecido dar que recibir", es más sagrado dar que recibir, porque al dar nos entregamos y damos lo mejor que hay en nuestro interior.

Walt Whitman así lo expresa al decir: "Cuando doy, me entrego a mí mismo". Dar es un acto de entrega, es regalar un pedazo de nosotros mismos que va desde una sonrisa, pasando por un gesto amable, una ayuda, una mano amiga, cualquier actitud que sea generadora de felicidad en el otro y que como bumerán nos genera felicidad a nosotros. Y es que un día en el que se puede ayudar a alguien, es un día bien vivido.

Por otro lado, curiosamente, generosidad y necesidad van de la mano. Los momentos difíciles, aquellos que nos hacen sufrir, también nos convierten en mejores seres humanos, porque activan nuestras más profundas necesidades y nos hacen concientizar la urgencia de ser generosos con el otro. Balzac lo expresa así: "Solo los pobres son generosos". Pareciera paradójico, pero no lo es, es absolutamente lógico, porque solo el que no tiene se da cuenta del valor de recibir lo que necesita y, por ende, genera la aguda conciencia del deber de compartir. Las personas con dinero no son realmente generosas, mientras que los que no tienen nada o muy poco, siempre comparten lo que tienen. Al final, somos lo que damos. Así, lo expresó la Madre Teresa: "Al final de nuestras vidas, no seremos juzgados por cuántos diplomas hemos recibido, cuánto dinero hemos conseguido o cuántas cosas grandes hemos hecho. Seremos juzgados por: 'Tuve hambre y me disté de comer. Estuve desnudo y me vestiste. No tenía casa y me diste posada'". Y también tiene una cita que encierra la más hermosa de las definiciones de generosidad: "No permitas jamás que alguien venga a ti y se aleje sin ser mejor y más feliz".

Generosidad es traer a la vida cotidiana lo mejor que tenemos en el corazón y darlo a quien lo necesite, cada día, con plena conciencia y sin esperar nada a cambio, pues la generosidad es uno de los principales ingredientes que conforman la mágica receta de vivir un Momento Santo.

Así nos lo contaron...

"Cuando tenía diecisiete años, viajé a Vancouver para estudiar inglés. Era febrero, aún las calles tenían nieve, el invierno seguía presente. Recuerdo que al cabo de una semana ya había conocido a varias personas de mi país y otros países latinos. Un día me invitaron a cenar y luego un amigo me acompañó a la parada de autobús. Eran las siete de la noche y al subir me percaté que las cosas cambian, que se ven diferentes en la noche. El recorrido se hacía largo, el autobús se estaba desocupando y yo no tenía idea de adónde me tenía que bajar. Todo se veía igual y no quería quedarme sola con el conductor, todavía tenía esa paranoia de inseguridad que se vive en mi país. Tomé la decisión de bajarme en una de las paradas y empecé a caminar. No encontraba mi casa y las horas pasaban. Como era invierno, las personas cenan temprano y se acuestan temprano. Comenzaron a apagar las luces de las casas y no pasaba un solo automóvil, ni un taxi, ni ningún otro autobús... nada.

Todo era oscuro y silencioso. Miré el reloj y eran treinta minutos pasada la medianoche. Estaba con frío, caminando sola, no hablaba bien el inglés y, para rematar, no tenía la dirección de la casa en donde me estaba quedando.

Empecé a orar. Le pedí a Dios que me ayudara. Y me pasó por la mente recostarme bajo un árbol. Aunque suene descabellado, en ese momento era la opción que tenía.

Después de mis oraciones se apareció un señor de cabello blanco con un perro. Cuando lo vi le pedí ayuda como pude con el poco inglés que hablaba y le dije: *'Help me, I'm lost'*. ('Ayúdeme, estoy perdida').

El señor me hizo señas para que lo acompañara a una casa vecina, él se encargó de tocar el timbre y apareció una señora en pijamas, y así me di cuenta de que no era la casa del señor. Él se encargó de explicarle que yo no tenía la dirección del lugar donde me estaba quedando.

Afortunadamente me acordaba del apellido de la familia y con eso la señora de la casa pudo encontrar la dirección y pedir un taxi para llevarme allá. Me despedí del señor con una sonrisa de agradecimiento. Mi cara estaba entumecida del frío y el señor se alejó con el perro.

Camino a casa me percaté de varias cosas: La primera, que el señor definitivamente era mi ángel guardián. ¿Por qué? Porque después de la medianoche en invierno no es común encontrarse un señor de esa edad paseando a un perro. Además, si el señor era de esa zona, ¿por qué no me llevó a su casa y en vez de eso pidió ayuda a otras personas? Y más insólito aún, es que apareció después de todas mis oraciones cuando ya me estaba dando casi por vencida y buscaba un árbol para pasar la noche".

CAPÍTULO 2
LA VIDA Y LA MUERTE

Vida y muerte son dos caras de una misma moneda. En este capítulo, trataremos temas que son muy comunes a la vida misma. Como vamos comprendiendo, nuestro trabajo es encontrar todos esos Momentos Santos que podemos ir generando en cada instante de nuestra experiencia, no hay diferencia del mundo cotidiano al mundo espiritual cuando empezamos a experimentar la vida desde la visión de los Momentos Santos.

El ser se va enriqueciendo cada día, entendiendo la vida, y por consiguiente la muerte, como una oportunidad para desplegar todas las potencialidades con las que fuimos creados. De alguna manera, vivir esta vida es la gran oportunidad que como almas nos hemos regalado, y así ahondar en los principios generadores de la vida, como la sexualidad, pero no cualquier sexualidad, sino la sagrada, la íntima, la que genera la verdadera intimidad entre dos personas.

Por otro lado, la salud y la sanación son expresiones de vida. Qué es la vida sino la muestra del orden en todos los niveles del ser, como lo son cuerpo, mente y espíritu. Estos niveles armonizados, expresan la coherencia que lleva a sanar todas aquellas heridas por donde la luz se permitió pasar y llevar al ser la conciencia de su propia santidad.

El amor es tan importante, que el hombre fue hecho para vivir en sociedades y comunidades, y así se inicia en estas lides con el amor romántico, primer paso en la escalera ascensional del verdadero amor.

La vida y la muerte son lo mismo pues toda muerte genera otra vida, diferente, pero la continuidad de la existencia no se apaga nunca, la vida es eterna y lo será hasta que Dios, quien la creó, lo disponga.

Punto No. 7
La oportunidad

> *"Las oportunidades son como los atardeceres,*
> *si esperas demasiado te los habrás perdido".*
> —Anónimo

La oportunidad surge, se da, pero debemos reprogramar nuestros sentidos para saberla ver y entender cuando llegue el momento.

De modo que la suerte es el encuentro entre la oportunidad y la preparación, pero hay que trabajar tanto la oportunidad como la preparación. El sentido de la oportunidad se trabaja cotidianamente, así como cuando nos preparamos para ver las señales que trae la oportunidad. Son muchas las señales y momentos que tenemos en la vida, solo que, si no estamos atentos, pasan frente a nosotros sin siquiera darnos cuenta. ¿Cómo se trabajan estos dos temas? Viviendo en el ahora, atentos a nuestro entorno, respirando, oliendo, tocando, mirando con detenimiento y saboreando cada instante del momento presente, siempre en conciencia plena y con el corazón abierto a recibir los regalos que están para llenar el momento que vivimos, teniendo claro nuestro propósito. Solo así, haciendo este ejercicio cada día, estaremos listos para darle la bienvenida a la oportunidad cuando llegue.

La vida es para vivirla, sentirla y no tanto para pensarla, pues muchas veces desechamos nuestra motivación de acción cuando nace de la intuición y la reemplazamos por el pensamiento lógico, el cual nos aleja del momento oportuno. La oportunidad siempre está llena de inspiración, debemos dejarnos llevar por el impulso creador del momento. Como lo dijo Publilius Syrus: "Mientras nos detenemos a pensar, a menudo perdemos nuestras oportunidades".

Debemos entrenar el cuerpo y la mente y desechar viejos paradigmas para desapegarnos de lo obsoleto y redireccionar nuestras vidas hacia su verdadero rumbo. De pequeños siempre nos dijeron que el tren pasa solo una vez y que, si no lo tomas, perderás la oportunidad irremediablemente para nunca más recobrarla... ¡Qué visión tan tajante y castrante de la vida!... Es preferible visualizar una estación llena de trenes, con múltiples horarios que podemos elegir a conveniencia, y una vez que hayamos entrenado nuestra mente a entender y a vivir en el momento presente, prepararnos para saber sentir y reconocer las oportunidades que realmente valgan la pena.

Igual que las rutinas de ejercicios, esto se logra con un cotidiano entrenamiento mental que repetimos cada día, hasta que este forme parte integral de nuestro ser. Así lo expresó alguna vez Goethe: "El hombre correcto es aquel que toma la oportunidad". Y también es pertinente la visión de Sir Francis Bacon al expresar: "Un hombre sabio fabricará más oportunidades de las que encuentre". Ambas visiones se direccionan al objetivo de volver a educar al ser humano para trabajar su intuición y su estado de alerta al momento presente, sin dejar, desde luego, de tomar en cuenta el esfuerzo cotidiano sostenido que requiere el logro de un propósito. Bien lo expone Ann Landers al decir: "Generalmente las oportunidades se disfrazan de trabajo duro, por lo tanto, la mayoría de las personas no las saben reconocer".

Lo que debemos buscar es vivir en conciencia plena el ahora, para detectar todas las oportunidades que tenemos a diario. Vivir, por ejemplo, Momentos Santos. Si estamos cruzando la calle y alguien necesita ayuda para hacerlo, el darle la mano y ayudarlo es un momento lleno de infinitas posibilidades, una verdadera "oportunidad de oro". Si vemos gente necesitada en la calle, salir con comida y regalársela, es la ocasión de vivir un Momento Santo. Si alguien está triste, regalarles nuestro tiempo y compañía, prestarles atención para hacerles sentir que todo estará bien y que no están solos, también lo es. Todos estos son nuestros regalos para tener la oportunidad de vivir un Momento Santo, incluso lo es detenernos y decirle a alguien lo bien que hace su trabajo y lo importante que es, hasta sacarle una sonrisa.

Y así, a medida que pasa un día normal, nos vamos dando cuenta de lo fácil que es pasar de lo ordinario a lo extraordinario y de cuántas oportunidades tenemos a diario de ayudar y vivir Momentos Santos, dando un poco de nosotros mismos en positivo al prójimo.

Sin embargo, para lograr hacer realidad este modo de vida y convertirlo en una hermosa rutina, debemos reprogramarnos con ejercicios repetitivos hasta lograr hacer de las oportunidades de cada día, una extraordinaria cadena de Momentos Santos.

Como dice John G. Shedd: "Pocas veces, las oportunidades vienen con etiquetas". Cierto, en el mundo de hoy aun es así, las ocasiones propicias no vienen con etiquetas, están allí solo para quienes puedan verlas. Así que, entrenemos nuestros corazones, desde la intuición que todos tenemos, a no dejarla a un lado, sino todo lo contrario, aprendamos a escucharla sin callarla y vivamos atentos al ahora y así tendremos conciencia plena de las muchas oportunidades que Dios nos da a diario de vivir fabulosos Momentos Santos.

La vida es la gran oportunidad, es el regalo hermoso que nos fue dado para descubrir la infinita belleza que tiene la existencia del hombre en esta Tierra. Es el hombre la mejor pieza de esta creación, él puede manifestar en ella. Aunque a veces se mantenga a salvo en su ensueño, negándose a abrir los ojos y destapar el alma.

En este cuento de *Andrés el Pescador*, se muestra al hombre en su andar.

El pescador y la oportunidad

"Andrés, el pescador, era un hombre de mediana edad; sin embargo, desde hace mucho que sus cabellos hacían juego con los rayos de la luna, y su piel de color ocre mostraba años de brisa, sol y mar. Ya no tiene apuro en su andar, el mar le enseñó a esperar con paciencia la gran oportunidad. Andrés entendía que el mar, así como la vida, tienen sus propias reglas y que si estaba atento al momento y se dejaba fluir con lo que llegaba, su barca se llenaría de peces, era solo cuestión de esperar, en el suave sopor del calor del barco, el momento preciso de lanzar la red, no era antes ni después, era en ese momento y debía Andrés estar allí para lanzarla y recoger del mar todos los frutos que le regalaba. También Andrés aprendió que cuando se llenaba de angustia y desesperación, falta de paciencia y reclamo en la vida, las cosas no funcionaban. Mientras más empeño y rabia ponía en su labor, más los peces se negaban a asomar, ni siquiera un desperdicio olvidado por la negligencia humana llegaba a su red. Sí, cuanto más empeño ponía menos peces tenía, estos sencillamente no aparecían. Lo que era peor, en algunas oportunidades las aguas se embravecían y hasta en riesgo colocaba su vida.

Así, en la soledad de su barca, Andrés concibió que debía hacerse amigo del mar, del tiempo, de la oportunidad. Aprendió que no era lo que él hiciera lo que le producía los peces, era estar pendiente y confiado a la mejor oportunidad de lanzar la red lo que se presentaba como un regalo sin límite de uso. Solo existían dos requisitos, estar atento y por supuesto saber pescar. Andrés estaba alerta cuando la oportunidad aparecía. Tenía muchos amigos, que le ayudaban a saber cuál era la señal. La gaviota Moca, así la bautizó, cuando aparecía en el horizonte, ya sabía Andrés que algo venía, el agua con movimiento inusual, sus burbujas, un olor intenso en el aire. De esta manera, iba Andrés observando todo a su alrededor para actuar de acuerdo con las pequeñas señales que debía interpretar. Y cada tarde, el pescador

llegaba al puerto con su barca llena de peces, porque había aprendido a esperar y a leer las señales".
—Rosiris Fernández

Como la pequeña historia de Andrés es nuestra vida, llena de esfuerzos que nunca son vanos, solo que algunos fueron hechos sin leer las señales que la vida nos da. Solo hay esfuerzos hechos sin leer las necesidades del alma, pues ella conoce el momento y cada instante trae su regalo, y ya tendrá el hombre tiempo de cosechar, de sembrar o de descansar, pero siempre será en el momento adecuado. La oportunidad está entonces presente en cada instante, la pregunta es: ¿Estamos nosotros preparados para entender qué nos pide cada momento? ¿Hemos cultivado con ardor y pasión los sueños que nos ronda el alma?

No basta conocer la oportunidad, debemos estar debidamente preparados para ella. Debemos prepararnos para cuando llegue el momento. Si queremos recoger una red llena de peces, debemos saber pescar y no solo lanzar la red sino hacerlo de la mejor manera posible. Entonces nuestro trabajo es prepararnos, sacar la mejor versión de cada uno, trabajar duro en nuestras personas, dominar nuestros impulsos menores, de manera que el ideal mayor prevalezca. Es la gratificación inmediata la que nos quita fuerza, allí se pierde el momento. Mostremos al mundo el trabajo realizado en uno mismo y, como el mejor alfarero orgulloso, mostremos el recipiente que ha de atrapar las mieles del mejor momento. Lo más grandioso es que nunca será una sola oportunidad, vendrán infinitas, un sinfín de momentos que traerá la vida, unas puertas se abrirán, y luego otra y otra; nuestro trabajo es prepararnos lo mejor que podamos para atrapar en las redes lo que la vida traiga, pero hemos de estar atentos y preparados. Al final, solo queda dar gracias.

Cuando la oportunidad se presenta, es triste que solo la puedan ver aquellos que, como nuestro pescador, están viviendo en plenitud el momento, por personas que están activas y dispuestas. Erróneamente se le llama "suerte", pero hay un orden perfecto que el universo cumple en cada momento; una belleza, una simetría y sincronicidad en el desenvolvimiento de la vida, en el que muy poco, sino nada, es dejado al azar. Lo que sí puede existir, son los múltiples escenarios, variados desenlaces para un mismo evento, y una vez más depende de cómo nos preparemos y cuál sea nuestro grado de presencia en el momento. Porque la oportunidad está allí, con todos sus escenarios posibles, y nosotros somos los agentes que sacaremos el máximo provecho de ella.

La oportunidad llega con todos sus recursos, trae todo lo que necesitamos. ¿Acaso sabemos usar cada uno de estos recursos y apreciar su valor? Conocer qué hemos de hacer es lo único que nos garantiza el éxito. ¿No sería entonces lo correcto pensar que cada momento es una oportunidad? Si somos capaces de reconocer lo que nos pide cada momento y lo usamos enfocándonos en nuestras propias capacidades ya cultivadas, podríamos decir que cada momento es una gran oportunidad.

Levantemos nuestras redes y preparémonos a conseguir lo que necesitamos; podemos hacerlo y lo conseguiremos. Hoy trae una gran OPORTUNIDAD.

Así nos lo contaron...

"Conversaba con la autora de un libro bellísimo de mandalas y arcángeles, que vino a dejarlo en la tienda donde trabajo y empezamos a hablar sobre el tema de emigrar y todas las implicaciones que aquello tenía. Ella quiere irse a Chile, ambas tenemos conexión con ese país. El punto es que ella tenía todo listo para irse y no quiso porque su alma le dijo que no, que aún no, y justo después se dio lo de su libro y el bautizo de éste.

Yo le comenté que el año pasado yo estaba en los trámites de visa en Chile y como se estaba tardando y no conseguía empleo, quizá por miedo o desespero, regresé a Colombia, y luego me pregunté si habría sido un error porque en Colombia nunca obtuve la visa y finalmente tuve que regresar de nuevo a Venezuela.

Pero luego le comenté que este año ha sido de aprendizaje para mí y he crecido mucho interiormente, que siento que quizá todo tuvo un porqué, y que, en este momento, aun cuando unas amigas me ofrecen pasaje y dinero para regresar a Chile, yo no he querido irme, no todavía. Entonces fue cuando ella me dijo las palabras mágicas: 'Cuando uno escucha a su alma, uno siempre hace lo correcto. No te arrepientas, porque seguramente tomaste la decisión correcta. Todo tiene su tiempo'.

No saben la paz que sentí en ese momento. ¡Le dije gracias muchas veces! Sentí como si agua fresca me recorriera por dentro. Era lo que tanto necesitaba escuchar".

Punto No. 8
La sagrada sexualidad

*"Nuestro cuerpo físico es
el Templo de nuestra esencia.
Por lo cual es urgente respetarlo
como Espacio Sagrado.
Es nuestro vehículo
hacia el reencuentro con la Luz".*
—Awka Malen

A través de la historia de la humanidad la sexualidad ha constituido motivo de conflicto cultural y religioso, sobre todo en los países del hemisferio oeste. Esta parte tan natural y por lo tanto también espiritual del hombre, ha sido convertida en tabú, satanizada, proscrita, y transformada en motivo de vergüenza y rechazo en muchas sociedades.

Y, sin embargo, han existido culturas que han comprendido que el acto en sí involucra muchos aspectos de la persona que solo pueden ser descubiertos a la luz del espíritu. Si la sexualidad no formara parte de una importante experiencia en el ser humano, no estaría presente en todas las personas.

Cuando hablamos de experiencias, los seres humanos vivimos circunstancias que nos son comunes a todos, pero hay otras experiencias que no lo son. Por ejemplo, puede que en la experiencia de vida de algunos esté el construir una pareja, compartir la vida con otro o quizás les tocó vivir una soledad que no pidieron; este tipo de experiencias son diferentes para todas las personas, sin embargo, hay otras experiencias comunes que todos hemos de vivir de una u otra manera. La sexualidad es una de estas.

Hay personas que no conocieron nunca la sexualidad, otras quizás la conocieron, pero decidieron por propia voluntad abstenerse de cualquier contacto. Hoy en día se sabe también de otro grupo de personas que no manifiestan deseo alguno. Pero a todas les es imposible obviar la sexualidad que está allí y se percibe incluso estando dormido. Y la razón es, que es un elemento esencial en nosotros para ser vivido. Es una manera de expresión de la energía vital de la que estamos hechos; y para experimentarla, no tiene que ser necesariamente de manera convencional, como la física, sino que hasta podemos disfrutarla con nuestra imaginación. La sexualidad tiene un componente espiritual muy alto, está en función de un sentido de totalidad al que se puede tener acceso cuando esa parte de uno mismo, que es como una copa, está llena de emoción o energía que contiene en sí misma los principios generadores de la vida, lo masculino y lo femenino. Es una sensación de totalidad que se genera en el ser que logra este estado de unión, el éxtasis y el gozo infinito que solo se puede expresar como la experiencia de unidad plena, una poderosa fuerza que asciende por nuestro cuerpo, develando las partes más ocultas y sin descifrar de nosotros mismos, energía que transforma el burdo metal en el más puro y fino oro.

Las personas necesitan de una preparación anterior para poderla sostener, de lo contrario podrían dañarse o simplemente nunca lograr acceder a ella. Si no damos los pasos previos para lograr esta mítica boda y estar listos para la ascensión, la boda alquímica no se realiza. Es por ello que, para poder llegar al estado más espiritual en nosotros, debemos, por decirlo de alguna manera, practicar con otros, necesitamos un compañero, se necesita estar en comunión o unión con otra persona en ese nivel de intimidad como lo es el sexo, para empezar a comprendernos. Este es el camino que debemos transitar.

Lamentablemente, este encuentro ha sido muy desvirtuado y se ha llevado la unión de dos personas al plano puramente físico, hedonista y auto-gratificante, con lo cual se pierde el verdadero sentido de la unión, cuya misión es encontrarnos a nosotros a través del otro, con toda la belleza que tiene el momento de amor. Poder sentir y hacer sentir al otro una infinita sensación de paz, gozo, totalidad, alegría; olvidar el Yo para formar el Nosotros, olvidar por ese breve instante la sensación de separación, el desamor, y entrar a sentir una experiencia que no se puede narrar con palabras. Solo cuando logramos realmente integrarnos en el otro y hacer de cada uno de nosotros un solo ser, uno con quien compartimos ese momento, a partir de ese instante hemos consumado muestra libertad. Así, cuando la sexualidad se vive desde el ser espiritual, esta conduce a Dios, igual que lo hace la oración.

Recreamos en cada encuentro el sagrado momento de la creación, nuestro cuerpo-templo que habita nuestro Ser debe ser cuidado y amado, él puede ser el vehículo que nos conduzca al encuentro con la Luz.

"La sexualidad es la recreación del momento más sagrado de la existencia: el momento de la Creación. El aspecto sagrado de la sexualidad, su poder transformador y el arte que representa, han sido secretos celosa y efectivamente guardados por el tantra hindú, el taoísmo chino, la gnosis cristiana, la cábala hebrea y otras escuelas de iluminación espiritual. La sexualidad humana es la recreación en nuestro plano físico de la verdad que está ocurriendo eternamente en todo el universo, por eso es un acto sagrado", dice Awka Malen

Punto No. 9
Relación íntima

"El camino que vamos andando siempre nos lleva a encontrarnos con los otros".
—Rosiris Fernández

La vida está hecha de relaciones, algunas son muy fáciles de apreciar y las disfrutamos, otras no lo son tanto, en otras oportunidades hasta nos cuesta mucho mantenernos en ellas. Lo cierto es que la vida es un gran mandala de relaciones, que van dibujando un mantra infinito de conexiones desde las más pequeñas e imperceptibles, como las relaciones de los microorganismos unicelulares, hasta las inmensas galaxias. En este estado de continua interacción, toda la vida medra, nos vamos moviendo en una espiral infinita de evolución.

De esta forma, todos los seres humanos establecemos relaciones de todo tipo que nos ayudan en la evolución de nuestra vida. Tenemos relaciones con el núcleo más cercano que es la familia, pareja, amigos, las personas con las que trabajamos. En fin, estas conexiones son múltiples y atendemos a ellas de acuerdo con cada situación. Tenemos incluso diferentes formas de ser para cada relación. La mayoría de las personas tiene patrones muy definidos acordes al tipo de relación, lo que nos hace pensar que somos conscientes de este proceso. Pero hay una relación infinitamente más importante y de la que parece que no somos totalmente conscientes y es la relación que tenemos con nosotros mismos.

Nuestro título, "Relación Íntima", sugiere una relación muy cercana y particular. Ahora bien, tal grado de intimidad solo estará cimentado en la relación que tenemos con nosotros mismos.

Para nosotros, la intimidad es algo que se guarda con mucho celo, algo que adquiere incluso un carácter sagrado, lo que se quiere mantener resguardado de otras personas y que dejamos que muy pocos lo compartan. Dentro de este grupo encontramos nuestra relación con Dios, familia, pareja, hijos y amigos cercanos.

Intimidad es también un espacio, demarcado o no, donde nos sentimos completamente seguros y a gusto.

Estas dos características: seguridad y bienestar, las confiere el hecho de saber, de conocer las características o los detalles de la persona o el objeto de nuestra relación. En fin, en la intimidad es muy importante conocer, y cuando sabemos y vemos claramente lo que hay allí, no tenemos miedo, se nos hace conocido, familiar, y además nos brinda apoyo y nos sentimos seguros y a gusto, así la intimidad comienza a florecer.

Pero parece siempre condición necesaria el conocer: Si sé no dudo.

Nuestra primera relación íntima es por consiguiente la relación que tenemos con nosotros mismos. Ahora bien, todo grado de intimidad que tengamos con otras personas estará basado en la relación que tenemos con nosotros mismos. Si nos conocemos plena y profundamente, si sabemos quiénes somos, si conocemos nuestras debilidades y fortalezas, y no las validamos como buenas o malas, sino que simplemente las entendemos y sabemos que están allí, podemos contar con una transformación interior pues es a partir de esa comprensión integral que nos permitimos abrir la puerta a una relación completa con nosotros mismos, donde nos relacionamos con los aspectos positivos de nuestro ser, así como los no tan positivos, de una manera realista.

¿Qué sucede cuando la relación que establecemos con nosotros mismos está basada en los aspectos que nos producen más rechazo? Lo que generalmente hacemos es alejarnos de nuestro ser, no confiamos, y como no confiamos empezamos a buscar afuera ese espacio seguro a través de una pretendida intimidad con otro; como tememos estar a solas con nosotros mismos, buscamos toda clase de sustitutos y nos alejamos cada día más de nuestro verdadero yo, ya que éste no tiene referencia interna que le sustente. Cualquier tipo de relación que establezcamos desde este estado de vacío, no nos llevará a ningún lugar, pues al no conocer quiénes somos, tampoco podremos ser capaces de encontrarnos en el otro; ¿cómo, si no sabemos quiénes somos? Este tipo de relación, por lo general, está basada en la dependencia y le confiere al otro todo el poder, colocándonos en posición de ser manipulados y depositando en nosotros un terrible temor que causa no saber quiénes somos ni a dónde queremos ir. Esta situación es muy dolorosa y bastante común. Por eso vemos con frecuencia cómo esas relaciones primarias que llamamos íntimas con los seres más significativos en la vida, son muy dolorosas y frustrantes. Ellos no vienen para compartir la vida y la plenitud de nuestro ser, si no que están llenando un vacío que nunca podrán llenar. Es por eso que el conocimiento de nosotros mismos, la relación con uno mismo, es tan importante y básica para establecer sanas relaciones con el resto de los seres que nos acompañan en este camino.

Por tanto, toda relación íntima se va tejiendo en la vida y está formada por esos lazos infinitos de comprensión y amor necesarios para entrar en una perfecta comunión con la esencia de nosotros mismos y con los otros, comunión que se da en el momento mismo en que desde nuestro conocimiento, dejamos fluir el néctar precioso de la vida y sus conexiones perfectas, nosotros, los otros y la vida, al final somos uno solo. Cuando miramos a los otros nos contemplamos a nosotros mismos y cuando miramos al mundo lo contemplamos todo.

El Momento Santo es el instante que mejor refleja ese encuentro donde la intimidad con el otro pasa de ser dos entes separados a ser una experiencia de comunión, donde uno puede sentir desde su propio ser lo que aparentemente sucede afuera, y en ese momento sostener con mucho amor la situación que ambos experimentan. Desde cada Momento Santo, se experimenta la más bella de las relaciones íntimas.

La relación íntima es entonces el estado de perfecta comunicación con nosotros mismos, aceptando lo bueno y lo malo que nos conforma, sin juzgar, solo reconociéndonos y valorando todas las piezas que constituyen ese complejo rompecabezas llamado ser humano. Solo desde ese reconocimiento y aceptación absoluta de quiénes somos, lograremos armar nuestro rompecabezas personal y, a su vez, lograremos engranarlo en uno más grande y así sucesivamente. La relación íntima con nosotros mismos ha de ser total, plena y absolutamente reconocida y aceptada por nosotros ya que sin este primer paso, todos los demás serían en falso. El conocimiento pleno de nosotros mismos genera aceptación en nuestro ser y solo una vez que nos aceptemos con nuestros dones y carencias, tal y como somos, seremos capaces de interactuar con los demás, ser seres más empáticos y compasivos. Y esta plena conciencia y aceptación, nos guiará con total claridad hacia el camino del cumplimiento de nuestros Momentos Santos.

Hay un ejemplo que ilustra muy bien este concepto y es el de la mascarilla de oxígeno en los aviones. La aeromoza nos muestra cómo se usa la mascarilla en caso de emergencia y nos dice que primero debemos colocarnos la nuestra para luego poder ayudar a otros. ¡Lógico! ¿Cómo podríamos ayudar a otros a respirar si nosotros mismos no podemos hacerlo? Por eso, la relación íntima es primera y directamente con nosotros mismos y una vez logrado ese objetivo, es cuándo podremos ser capaces de ayudar y encajar en el otro...

Punto No. 10
Salud y sanación

"La salud es un estado de completo bienestar físico,
mental y social, y no solamente la ausencia de
afecciones o enfermedades".
—Organización Mundial de la Salud

Desde nuestra visión espiritual podíamos agregar también que la salud es un estado inherente al Ser, tal como lo es la paz, el amor y la abundancia. Salud es entonces un estado donde se manifiesta la totalidad, si la salud está presente entonces estarán presentes las otras cualidades: paz, amor y prosperidad. Y esto es importante pues la salud nos permite crecer. Un organismo plenamente saludable tenderá a seguir aumentando sus cualidades y propiedades, de tal forma que este proceso le permitirá evolucionar en algo nuevo, más completo hacia un siguiente nivel de evolución.

Esto es aplicable tanto a un cuerpo físico humano, como si lo aplicamos a cualquier sistema. La salud es inherente a toda la vida, lo cual incluye nuestro ambiente y todas las otras cosas que utilizamos en el quehacer diario. Veamos por ejemplo las finanzas, el amor, las relaciones laborales, una empresa, la naturaleza, los animales. Todos ellos manifiestan salud o su opuesto, la falta de ella, la enfermedad.

La salud supone coherencia en los distintos niveles que componen el ente sujeto de la salud. En el caso del hombre, su salud está relacionada con la coherencia de sus niveles de funcionamiento como la mente, las emociones, el cuerpo mismo y su desempeño social.

Cuando estos niveles pierden su armonía, lo que pronto veremos será el desequilibrio y mal funcionamiento de todo el sistema que se manifiesta en el plano físico, como una dolencia; en el plano mental, como una alteración de las funciones cognitivas; y en el plano emocional, como una inestabilidad emocional. Al haber un problema en cualquiera de estos planos, el desempeño social también se afecta, ya que se vuelve pesado tratar de trabajar, relacionarse es difícil, se pierde el contacto con los otros y así empieza una cadena de situaciones que van haciendo al organismo deteriorarse cada día más y más.

La pérdida del estado de salud se manifiesta en que los componentes del mismo cuerpo hayan perdido su coherencia, hayan olvidado su función. Tomemos por ejemplo el caso de un hígado que no esté trabajando correctamente, diríamos que perdió el propósito para el cual fue diseñado. Ya no ejerce su función o la ejerce ineficazmente; entonces la consecuencia natural será la enfermedad porque ya no produce los resultados esperados y por ende la manifestación de ello será una enfermedad del hígado.

Al igual, podíamos hablar del sistema financiero de la familia o de un país, si se produce un cambio o una alteración de la forma como está dispuesto para que funcione de manera eficaz y productiva, su consecuencia es la alteración de los resultados. Un padre de familia que pierde el trabajo o bien realiza una inversión errónea, origina una pérdida en el estado financiero que afecta a todos los miembros de esa unidad familiar y se manifiesta como una falta o ausencia de dinero para suplir las necesidades básicas que sostienen al resto de sus integrantes. Esta misma metáfora se puede aplicar a un país. Se pierde la salud financiera. Podríamos así decir que todas las cosas en la vida están sujetas a un estado de salud específico.

Entonces la salud es la manifestación de la vida en toda su coherencia, esplendor y buen funcionamiento.

¿Qué pasa cuando la perdemos? En la mayoría de los casos aparece un nuevo estado que llamamos enfermedad, la cual, de no ser tratada o corregida, lleva a veces hasta la muerte. Así podemos entender a la muerte como el principio que se desconecta del orden y la coherencia de la vida. La muerte es entonces un olvido de la verdadera realidad del sistema o de sus funciones para las cuales fue creada, si no hubiese error no habría enfermedad, no habría desequilibrio y por consiguiente la muerte no existiría.

¿Dónde está el error y cómo lo podemos corregir? El hombre ha tratado inútilmente a lo largo de la historia de resolver este problema. Cómo evitar la enfermedad y por consiguiente cómo evitar el deterioro del sistema y su conclusión, la muerte. El caso es que si no sabemos, de manera científicamente comprobada, cómo se inició la vida en este planeta, de dónde venimos, entonces desconocemos el origen del error y empezamos a especular acerca de las causas. Las ciencias han tratado de encontrar las respuestas, camino que lleva un largo y doloroso proceso de ensayo y error, los resultados han sido parciales, encontrando soluciones aplicables para unas cosas, pero en otras fracasa rotundamente. Sí, el hombre ha tenido grandes avances en el área de la salud, pero a qué costos y cuántos tienen acceso a ella. Esa es otra forma de fracaso. La enfermedad parece ganarle a la ciencia y por consiguiente la muerte.

Pero no vamos a tomar los caminos que la ciencia ha buscado, con éxito o no; desde nuestra visión espiritual más bien tratamos de ver el origen del problema en el origen del hombre mismo desde su creación, con la sencillez y la profundidad que tiene toda verdad. Con el pasar del tiempo el hombre olvidó de dónde viene, se ha olvidado de su origen, de mirar a su Creador, de conocerlo y conocerse a sí mismo.

Una vez conversábamos con una persona enferma y ella contaba que empezó hablar con su Creador y le decía: "Mira, tengo este problema, no sé cómo resolverlo y los médicos tampoco, tú me creaste, tú creaste este cuerpo, tú lo conoces y sabes cómo funciona, entonces tú debes tener necesariamente la respuesta de cómo arreglarlo. El Creador de todo lo que existe debe conocer a su creación, ¿verdad? Si puedo ayudar, dime qué tengo que hacer, pero dejo en Tus manos la forma de resolverlo". Ocurrió el milagro, el señor logró sanar. Suena simple, pero requirió un largo camino para él de trabajo y crecimiento espiritual. Aprendió a creer en el poder regenerador de la vida.

Es en ese momento, cuando no hay salud, cuando debemos volver al lugar donde se originaron todas las cosas. Es decir, debemos volver al Padre, si no le llamamos así, debemos entender entonces a la creación como una gran mente, que constantemente está creando y generando nuevas cosas. La única manera de crear es primero pensar la cosa, imaginarla con detalle, toda cosa fue primero ideada para que luego pudiera existir en ese nivel que llamamos materia. Esto nos lleva fácilmente a pensar que, si lo creado fue y debió ser necesariamente primero pensado, cualquier error que se manifieste en el sistema, su solución, está en el mismo nivel donde se creó: el nivel del pensamiento. Es en este nivel donde se puede dar la sanación, la resolución del conflicto.

El pensamiento es la base de todo cuanto existe, y, unido a la emoción que conlleva cada pensamiento, establece las bases de cualquier cosa que es creada, consciente o inconscientemente.

Algunas personas dirán que ellas no pensaron en la enfermedad que tienen y se sienten molestas cuando uno dice que es producto de la misma mente, pero el proceso de creación de la enfermedad no es lineal, no es que pensamos en la enfermedad y luego enfermamos, no, son otros pensamientos que tenemos respecto a situaciones determinadas; en la mayoría de los casos, eventos que nos impactan de una gran forma; en otros casos, eventos sobre los que no tenemos control pero que nos resistimos a aceptar. En fin, los caminos que la mente toma para producir la enfermedad son muy variados, pero el resultado de pensar y sentir en forma negativa un evento traerá siempre algún desequilibrio en el sistema. Tal como lo expresó John Kehoe: "La interacción de la conciencia y el mundo material ya no parece ser algo fantástico hoy: la conciencia —la energía en su forma más fina y más dinámica— ayuda a explicar por qué nuestra imaginación, imágenes mentales, deseos y temores afectan a los hechos reales".

Por otro lado, todos formamos parte de una gran conciencia colectiva. Esta conciencia colectiva nos afecta en gran medida y nos hace partícipes de las creencias que sustentan los principales valores de una sociedad, y la enfermedad es un gran fantasma en el inconsciente colectivo. Todos participamos de este gran pensamiento y nos conectamos con sus creencias y valores positivos o no.

La palabra sanar viene del latín *sanare* (restaurar la salud) y ésta de *sanus* (sano, sensato que no está loco), entonces tener salud es no estar loco. Traemos a colación esta definición, pues en el saber popular cuando un sistema u organismo empieza a trabajar por exceso o por defecto, en un lenguaje bien simple las personas dicen que se volvió loco, para significar que se dañó.

La creación hizo sus obras perfectas, ¿cómo se pudieron haber dañado? Pues bien, parece que la primera causa del daño fue haber olvidado el origen y sentir que estamos desconectados de ese origen, que no tenemos nada que ver con él.

La segunda, es la creencia del error. Esta falsa creencia en el error nos ha hecho pensar que estamos separados y debido a ello sentimos que tenemos algo malo, nos creemos pecadores llenos de culpa, y por ese sufrimiento que cargamos caemos en situaciones que nos llevan a la rabia, la pobreza, el dolor y la envidia. Todo esto ha enfermado al hombre y lo ha sumido en una profunda confusión y dolor. Pero cuando la creación observó nuestro error, también nos dio la solución. Ya muchas teorías y posturas religiosas la han mencionado: el perdón.

El perdón tiene un peso relevante para dar ese primer paso a la sanación. Luego que perdonamos somos capaces de encontrar ese camino de regreso al origen y rescatar todas las cualidades inherentes al Ser que nos pertenecen. La salud es un estado y un derecho que toda la creación comparte. Volver al origen, estar en unidad, es volver a la salud perfecta que siempre tuvimos.

Al hablar de salud, redundamos en el tema del conocimiento y aceptación de quiénes somos, de ese volver al origen básico del ser humano que hoy en día se pierde en la complejidad de lo vano, de lo superfluo, de lo material, de lo inútil. Pareciera contradictorio decir que a pesar de todas las herramientas sofisticadas con las que contamos hoy en día, nos encontramos desorientados y hemos olvidado usar nuestros instrumentos básicos. Nos sumimos en el ruido, olvidando la majestuosa paz del silencio. Siempre esperamos y queremos más, en vez de agradecer lo que tenemos.

Dhammapada nos dice: "La salud es el mayor de nuestros dones y la gratitud nuestra mayor riqueza".

Seamos agradecidos cada día por lo que tenemos, por lo que somos. Agradecer es estar en estado de salud perfecta, es estar en paz, es mantener una vibración positiva alta que nos sana. Sanar es armonizar, entenderse, reconocerse, aceptarse, quererse, ayudarse...

Punto No. 11
El amor romántico

"La finalidad del amor romántico es inflamar nuestra iluminación. Es la plenitud lo que hace que una relación funcione, no los vacíos".
—Bárbara De Angelis

Estábamos una vez asistiendo a un seminario acerca de las relaciones, y la persona que dictaba el curso se refirió el amor romántico como la llama que inflama la iluminación. En ese momento no pudimos comprender el sentido de lo que decía, posteriormente escuchamos decir que el amor romántico es necesario porque el espíritu tiene que empezar donde la mente está. No sería práctico empezar en lo alto de la escalera, sin tener los primeros escalones, tendríamos que hacer un salto muy grande y el resultado podría ser llegar o no. Así empezamos a observar que, en efecto, vamos recorriendo un camino en la escalera del amor y que el amor romántico tiene un gran peso en esta senda, la cual conduce, si lo dejamos obrar ese cambio en nosotros, al amor puro e incondicional de toda la vida.

El amor como energía o sustancia que permea todo lo que existe y lo cohesiona, no tiene diferencia. Es decir, no puede haber relaciones especiales en el amor, como el de madre-hijo, esposo-esposa, etc. No, la energía es la misma, es solo la forma como la expresamos lo que hace que parezca diferente, pero el amor lleva en todos los casos a la más sincera y profunda aceptación del otro, no importa si el otro es un hijo o un completo desconocido, el fin del amor es integrar y honrar al Ser. El trabajo que vienen a hacer estas relaciones es ayudar a elevarnos por esa espiral de evolución hasta comprender plenamente el significado del AMOR. Bueno, quizás sea más correcto decir "Ser Amor", que al final de todo eso es lo que somos. Así, todas nuestras relaciones románticas nos van llevando a un autodescubrimiento de quiénes somos y de la verdad que envuelve la existencia, la experiencia del amor.

Por eso, vivir la vida a cada paso nos da la oportunidad de experimentar amor y vivir en amor; y por eso cada momento tiene esa potencialidad de ser un Momento Santo.

Para esta parte del capítulo solo vamos a considerar las relaciones románticas, ese encuentro entre dos personas que al final tiene que ver con cada uno de nosotros como seres individuales y el descubrimiento de nuestra esencia.

Estas relaciones románticas casi siempre empiezan igual: dos personas que se encuentran y desde ese momento empiezan a sentir una cantidad de emociones que van llevando a la persona a una revelación del otro, la percibimos como un dios o una diosa, no le vemos defectos solo cualidades, la vemos realmente hermosa, deseamos tenerla a nuestro lado. En su presencia nos sentimos plenos, felices, parece que el día brillara más fuerte o que la lluvia fuera un poema en nuestra ventana, todo es bello, porque esa persona especial se encuentra a nuestro lado y, claro, como ella es especial nosotros empezamos a sentirnos especiales también.

Este tipo de amor lo describen muy bien cuando dicen que se sienten mariposas en el estómago cuando la persona objeto del amor aparece. Para la visión de los centros energéticos (chakras), el estómago pertenece al tercer chakra, allí se encuentra el asiento del ego, nuestro poder personal, la voluntad, la finalidad de ser uno mismo, la confianza, el control y también la libertad. Es interesante entonces que justo allí donde se siente físicamente más emociones, también se encuentra el asiento del ego.

Volviendo a nuestra pareja enamorada, la relación empieza a establecerse, comienzan a compartir experiencias, el tiempo, factor fundamental en esta vida, va marcando el ritmo, cada día trae cosas nuevas para descubrir y también disfrutar de ese ser amado. Así, a medida que pasa el tiempo, vamos viendo aspectos de la persona amada. Mientras más fuerte sea la emoción física durante los primeros encuentros, más importancia tendrá para el crecimiento y más aprendizaje aportará; no importa cuánto dure esta relación, puede ser un día o toda la vida, esa persona vino a mostrarnos algo de nosotros mismos que aún no teníamos integrado.

En muchos casos, sino en la mayoría, lo que se inició como un sueño, bello y perfecto, empieza con el tiempo a transformarse en un reto, los problemas aparecen y los sinsabores cambian el dulce néctar de los primeros días a cierta amargura. Las personas se confunden, lloran y se sienten muy decepcionadas del otro, en muchos casos piensan que los problemas son ellos, en fin, algo cambió y no saben por qué. ¿Cuál fue el problema? Si el amor romántico es la escalera que nos conduce a ese amor perfecto, verdadero y eterno, ¿por qué fracasamos? Pues bien, el amor nos pondrá a prueba múltiples veces y de muchas formas.

Cada pareja que hacemos es perfecta, si volvemos al instante en que empezó todo, vemos que en esos momentos las murallas que nos separan desaparecen, vemos más allá de la aparente personalidad y por breves instantes alcanzamos a vislumbrar la grandeza del otro en toda su belleza, que no es más que nuestra propia grandeza y belleza, en ese instante en que percibimos la perfección del otro estamos viendo un reflejo del verdadero Ser, por eso nos parece tan hermoso, tan especial, no le falta nada, lo vemos completo. Esa es la correcta visión, por eso en ese estado nos sentimos felices y queremos permanecer más tiempo al lado de esa persona especial.

Como aún no estamos acostumbrados a esta visión real de las personas, entonces nos ponen a prueba. ¿Seremos capaces de mantener lo que inicialmente vivimos como real y verdadero o nos volveremos a encontrar con nuestros propios demonios, mentiras y pasajes oscuros? De esta manera, tarde o temprano toda pareja nos mostrará los pasajes más oscuros que no aceptamos en nosotros mismos. También entonces esperamos que la otra persona cumpla nuestras expectativas, que actúe de un cierto modo, que sienta y que piense como nosotros esperamos que lo haga, siempre desde el lado de lo que no podemos percibir en nosotros. Ya no vemos al Ser, ni mucho menos al otro tal como es en su personalidad, lo que vemos es lo que negamos o lo que quisiéramos ser, de tal forma que queremos que la otra persona se conduzca de acuerdo con nuestras expectativas. Como nos vamos imponiendo, le vamos quitando su propio espacio, el espacio de ser esa persona misma. Y en algunos casos hasta ella misma se va perdiendo en estos requerimientos con el deseo de que la relación siga y se va olvidando de quién era antes de la relación. Como empezamos a idealizar algo que no es, cuando no se cumple esto, cuando no se está a la altura del ideal, nos decepcionamos. Es difícil para los dos, hay rechazo, dolor y mucha decepción de ambos lados. La idea de fallar duele, la pareja no se siente pareja ya más, se fragmentó.

Lo anterior solo puede darse a cabo desde las dimensiones del ego, de esa misma emoción que sentimos y que nos llevó a donde estamos. Pero la paradoja es que no es que exista para hacernos daño, o porque quiera acabar con el amor, sino para que tomemos esos lados oscuros o irreales y los veamos a la luz de la verdad. Nuestra sombra no tiene nada de malo, ella cumple una función, y solo de la más profunda oscuridad puede surgir la más radiante luz.

Esa primera imagen, esa primera visión de la belleza y perfección en el otro, es la verdad pura de lo que somos. No hay nadie que esté en este mundo que no tenga algo que trabajar en su propia persona, siempre hablando desde la dimensión del ego, pues el espíritu nunca ha perdido su belleza y perfección, pero el ser ha de evolucionar hasta encontrar de nuevo su Ser; y esa persona que llega a nosotros en una relación, nos viene a ayudar a alcanzar nuestra propia realización.

Cada encuentro con el amor romántico, lo podemos transformar en un Momento Santo, el otro nos hace un pedido de amor cada vez que hay un problema y esa llamada de amor que nos hacen no es nada más que nuestra propia imagen esperando encontrarse nuevamente con su esencia.

El ego exalta al amor romántico desvirtuando su propósito original: ser un peldaño para el amor verdadero.

En *Un Curso de Milagros (UCDM)* nos dicen que "nuestra tarea no es buscar el amor, sino buscar las barreras que oponemos a su llegada".

Buscamos desesperadamente el amor, pero por otro lado muchas veces destruimos esa posibilidad cuando por fin la tenemos. Pensar que esa persona especial nos va a salvar, nos lleva a imponer una carga que ninguna persona puede manejar. Todos los reclamos y quejas en realidad son dirigidos a uno mismo, pero quien ha tomado la vida tal cual se la dieron sus padres, está listo para sostener su propia carga sin traspasarla al otro.

Así pues, el amor romántico es necesario, debemos estar atentos y aprovechar cada oportunidad que tenemos de amar para subir por esa escalera hasta encontrarnos con el verdadero amor, el amor del que originariamente salimos y a donde todos algún día hemos de regresar.

El amor romántico, visto como un peldaño de aprendizaje de vida, nos muestra su fuerza. Así lo expresa Molière: "Hay que admitirlo, el amor es un gran maestro. Lo que jamás pudimos ser, nos enseña a serlo". Visto así, el amor romántico nos ubica en una relación donde no solo debemos conocer al otro, sino reconocer en él un espejo, aquello que debemos mejorar en nosotros mismos. Es decir, aquellas cosas que no me gustan del otro, no son más que un reflejo de lo que nos desagrada en nosotros. Desde la experiencia del amor romántico aprendemos de nosotros mismos. Ursula K. Le Guin lo explica así: "El amor no está solo puesto allí como una roca, el amor tiene que ser hecho como el pan y vuelto a hacer todo el tiempo, el amor debe renovarse".

Todas las personas con las cuales vivimos un amor romántico son maestros que llegan a nuestras vidas a moldearnos, a tallarnos, a enseñarnos más de nosotros mismos. A veces desde la alegría, otras desde la tristeza, la desilusión y un sinfín de emociones que genera el amor y que nos van dando forma como seres humanos. Por ello, ninguna experiencia es vana, todas cuentan y son valiosas, porque de ellas aprendemos.

Estos dos autores nos describen este concepto de aprendizaje desde el amor de pareja. El primero, James Thurber, nos dice: "El amor es lo que hemos pasado junto a otra persona". El amor es lo que nos enseña cuando lo vivimos con otra persona. Y Alexandra Penney lo expone así: "El examen final de una relación es estar en desacuerdo y aun así andar agarrados de la mano". El amor nos enseña tolerancia en la diversidad y lo abraza con respeto, es su forma de enseñarnos a vivir con el otro. Son lecciones difíciles de asimilar porque requieren de honestidad, de apertura, de sabiduría y de valoración. Eso viene a enseñarnos el amor de pareja.

Por eso, como lo dice François Mauriac: "No hay amor ni amistad que se cruce en el camino de nuestro destino sin dejar alguna marca en él para siempre". Sin embargo, continuamente nos vemos puestos a prueba por el amor, este nos reta diariamente, pues pareciera haber en nosotros una contradicción compartida que nos hace disfuncionales y esto es causado quizás por temor o por egoísmo. Se trata de como dice Henry Miller: "Lo único que nunca nos basta es el amor. Y a la vez es lo único que no podemos dar lo suficiente". Quizás esté allí el meollo del asunto: Si lo que más anhelamos es recibir amor, entonces ¿por qué no somos capaces de entregar el nuestro en la misma proporción?

Buscamos desde el espacio del amor de pareja lograr concientizar a las personas, comenzando por la que tenemos al lado, a que se anime a dar más amor del que quizás recibe. Sin medida, solo darlo, de eso se tratan los Momentos Santos: de generar amor, sin esperar nada a cambio. San Agustín bien lo expresa al decir: "La medida del amor es amar sin medida". Y Willa Cather lo expresa así: "Donde hay un gran amor, siempre hay milagros".

Ese es el reto insaciable del maestro amor. Es indomable y siempre nos exige más y más... Es la manera que tiene Dios de convertirnos en mejores personas. Albert Camus dice: "El amor no puede aceptar la realidad, en todas partes de la Tierra se manifiesta en contra de la bondad, la compasión, la inteligencia y todo aquello que lleve al compromiso. El amor exige lo imposible, lo absoluto, el cielo encendido, la primavera eterna, la vida después de la muerte y la misma muerte transformada en vida eterna".

Así, el amor se convierte en una herramienta única, fundamental y poderosa, que nos obliga a trascender nuestras limitaciones para transformarnos en mejores personas y a la vez hace que nuestra experiencia de vida adquiera valor desde su fuerza creadora. Como lo dice Franklin P. Jones: "El amor no es lo que hace que el mundo gire. El amor es lo que hace que el viaje valga la pena". Con amor, todo valdrá la pena, aun cuando la experiencia sea dolorosa, porque al final, como lo dice Ben Hedal: "El amor es el mago que saca al hombre de su propio sombrero". ¿Por qué? Pues porque como lo dice Tagore: "El amor es el significado definitivo de todo cuanto nos rodea. No es un simple sentimiento, es la verdad, es la alegría que se encuentra en el origen de la creación".

Punto No. 12
La vida eterna

"Cada vida se hace su destino".

—Anniel

La vida eterna es la promesa que tenemos todos, el sueño de todo creyente, pero a su vez, no sabemos qué significa realmente. Pensamos que debemos buscar esta vida eterna, ganarla de alguna manera, así la religión parece un camino seguro que el hombre ha construido con la idea de encontrar de nuevo la vuelta a la eternidad.

Pareciera que no existe religión o grupo religioso que no busque para el hombre la vida eterna, el hombre siempre ha soñado con la inmortalidad. Todas las religiones profesan el propósito de encontrar el camino que conduce a lograr el mejor estado del hombre, y, por consiguiente, su permanencia en cierto estado de gracia, o sin pecado, y gozo. Este camino es bastante difícil para el común de las personas; el hombre común se encuentra atrapado en un ritmo de vida y formas de pensar que lo alejan cada vez más de esa añorada meta.

Las religiones, con sus doctrinas y reglas, tratan de corregir las conductas que alejan al hombre de su propósito y se enfocan en enderezar aquellos comportamientos, hábitos y actitudes que lo desvían de su camino, señalando al hombre cómo debe llevar la vida para lograr no solo el cielo, la vida eterna, sino el reencuentro con su Dios creador. Pero parecen existir dos mundos: Uno espiritual, que lo guía a los más altos valores: amor, compasión, fe; y otro que lo impulsa a buscar cosas, distractores, un mundo material que lleva al hombre a una actividad física y mental, en la búsqueda solo de la gratificación, y promueve la ambición y el deseo desmedido por obtener cosas, posiciones, etc. Todo esto está fuera de los deseos del espíritu, y moverse en ese mundo de lo material hace que permanezca lejana la promesa de la vida eterna, ya que solo alcanzará ese estado, si y solo si cumple con los numerosos principios y doctrinas de la religión que profesa. En caso contrario, y si ha fallado en los principios requeridos y ha llegado su momento, y tampoco ha recibido ningún tipo de absolución para él, pues lo más probable es que el alma no vaya al cielo y tampoco alcance, por supuesto, la promesa de la vida eterna.

Es muy triste, pues el hombre se pasa la vida entre culpas y arrepentimientos. Es para cualquiera de nosotros bastante difícil llevar la vida que la religión nos pide y vivir nuestras vidas de acuerdo con los estándares que la sociedad nos impone para tener éxito. La persona genera todo tipo de conflicto y aflicción; y para muchos la única salida es alejarse de lo religioso; mientras que otros optarán sin ningún problema por la búsqueda del confort, paseándose entre el pecado y el perdón de domingo a domingo, un juego embustero que solo logra tratar de engañar a aquel que escoge este camino.

De esta manera encontramos a las personas muy perdidas y les es muy difícil ser felices y amarse, amar al otro, ya que la vida bajo los parámetros del éxito se vuelve un campo de competencia. La competencia no es para ver quién cumple mejor las normas que lo llevan a la vida eterna, sino parece hacer énfasis en buscar lo malo que hacemos y recalcarlo, hacer que nos sintamos muy mal mientras que los otros se sienten muy bien, y parece que nos dijeran: "Yo no hago lo que tú haces, yo no soy un 'pecador'". Allí comienza el juicio y por consiguiente la separación que nos aleja cada vez más de la vida eterna.

Dios infinitamente amoroso y compasivo, no iba a hacer al hombre tan lleno de pecado para que le costara mucho llegar a la vida eterna, esto no tiene ningún sentido, quizás no comprendimos lo real y su mensaje, lo que está allí, lo eterno: la vida.

Todos tenemos ya garantizada la eternidad, no necesitamos hacer nada para tener vida eterna YA TENEMOS VIDA ETERNA, al igual que no hicimos nada para crearnos a nosotros mismos, ni tampoco creamos nada de lo que existe. Ese impulso de energía que mueve y sostiene todo lo que existe, desde un átomo hasta una galaxia, incluyéndonos a nosotros, todo es VIDA, que es y seguirá siendo ETERNA. ¿Dónde está el principio de la vida y dónde está el fin? Eso es algo que nosotros no sabemos, lo que sí parece seguro, es la eternidad de ese pulsar que es la vida. Sientan su corazón y verán que cada latido es un ejemplo de ese impulso que no se detiene, porque el cuerpo físico puede que muera y luego se transforme en otra cosa, jamás destruido, solo transformado, y el alma continuará su camino. Sus cenizas serán polvo que use Dios para crear otra cosa, un ave, una piedra, otro ser. La economía de Dios es no crear desperdicio, Él es el alfarero que crea, y crea con sus manos, no se detiene. Él admira sus obras y se deleita en ellas.

No necesitas nada para encontrar la vida eterna, lo que pensamos es una promesa, es un hecho. Vivamos la vida con alegría inmensa de ser parte de esa creación maravillosa, honremos nuestros actos y hagamos sentir a Dios orgulloso con el uso que les da a los dones que Él nos dio, eso es vivir la vida eterna. Pongamos una sonrisa en la cara de Dios cuando vea que lo glorificamos y agradecemos el hermoso regalo de la Vida Eterna.

Dios nos da una experiencia tras otra, y en cada una de ellas nos da la oportunidad de aprender lo que nos corresponde para nuestra evolución. Por ello, somos los únicos responsables de cómo elegimos comportarnos frente a las oportunidades que Dios nos presenta.

Para entender la complejidad de la vida eterna, primero debemos aceptar dos hechos contradictorios a primera vista. El primero, es que estamos solos en la vida con una tarea personal que cumplir; y el segundo, es que para lograr el objetivo debemos interactuar con los demás y así, aprendiendo de ellos, aprendemos de nosotros mismos. Lily Tomlin expresa la idea así: "Estamos todos juntos en esto, cada quien por su cuenta".

Por lo demás, siempre debemos considerar que la vida es un incesante aprendizaje de principio a fin. Hasta que nos toque la muerte a la puerta debemos seguir formándonos. Al hacernos conscientes de esta imperativa también empezamos a entender que todos tenemos el don de ayudar, de ser amables, de dar lo mejor de nosotros mismos y que es nuestro deber hacerlo para poder todos vivir en un mundo mejor lleno de Momentos Santos.

Cada vida vivida debe transcurrir para permitir que el mundo sea un lugar más amable durante nuestra estadía en ella y también después. Ese ha de ser nuestro mayor legado.

CAPÍTULO 3
PROPÓSITO

"Tenemos que dejar de hacernos preguntas sobre el significado de la vida y, en vez de ello, pensar en nosotros como seres a quienes la vida les inquiere continua e incesantemente".
—Viktor Frankl

Ya hemos visto que el sentido de la vida es vivirla, lo siguiente sería llenar esa vida de propósito, es decir direccionarla en el sentido que queremos que vaya. "Propósito" entonces, desde la perspectiva de este libro, es dirección, movimiento hacia algo, definir cómo quiero conseguir en mi vida los sueños que tengo. Como nuestro propósito es ayudar a elevar el nivel de conciencia de nuestros lectores, a encontrar la luz interior que todos tenemos, nos orientaremos en este capítulo a describir los ingredientes que necesitamos para lograrlo.

Como principio de todo, vamos a dirigir nuestra atención al acto de bendecir, recordar que solo en la confianza en Dios crecemos, que el Amor es una necesidad en la vida, cómo el amor nos lleva al perdón; y cuando al final perdonamos, los temores se esfuman al desaparecer la falta de amor, para así, al final, alcanzar la tan añorada felicidad.

¿Por qué empezar por bendecir? A través del acto de bendecir se genera amor. Cuando bendecimos estamos deseando en nuestros corazones que la persona o la situación estén bien, que sucedan cosas buenas, queremos que sean felices, que estén protegidos, que nada los pueda dañar. De esta manera vemos cómo el acto de bendecir es una acción que engrandece y multiplica la vida.

Cuando bendecimos, estamos reconociendo que lo que bendecimos es perfecto, es bueno, es puro, estamos dando fe de su verdadera naturaleza. La naturaleza de la vida es perfección y pureza.

Si nuestro propósito es bendecir y la bendición engrandece lo que nosotros bendecimos, entonces siempre que lo hagamos estamos creando más de lo que bendecimos. Aquello que queremos ver en nuestra vida debe ser bendecido. Si queremos confiar más en Dios, debemos bendecir cada cosa que suceda en nuestra vida, Él sabe por qué está allí. Si queremos amor debemos bendecir el objeto de nuestro amor. Si queremos perdonar debemos bendecir al prójimo. Si queremos ser felices debemos bendecir nuestras vidas.

La bendición es un acto santo, es decir puro y total, no tiene nada que le quite su fuerza. Si voy por la vida bendiciendo, voy con el corazón abierto, generando santidad (ya sabemos que santidad es perfección), generando Momentos Santos, momentos que solo nos traen paz, serenidad, gozo y mucho amor, que es a donde toda la vida se dirige.

Diríamos, que bendecir es aceptar y confiar plenamente en el plan superior que nuestro Creador tiene para nosotros.

Por otro lado, otro ingrediente que nos ayudaría a elevar el nivel de conciencia y lograr plenitud en nuestro propósito personal, es que debemos desaprender viejos paradigmas, reeducar nuestras mentes, preguntarnos: ¿por qué estamos aquí? Una forma exitosa de hacerlo es dándole un giro a los sistemas educativos, orientando la educación hacia la búsqueda temprana de los dones que Dios nos ha otorgado para lograr nuestra misión de vida. Desde muy pequeños debemos buscar y reconocer nuestras pasiones, aquellas actividades que nos inspiran, que nos hacen vibrar, que nos hacen olvidar el tiempo pues estamos inmersos en la dicha de reconocer que estamos haciendo aquello para lo que fuimos llamados a esta vida. Cuando sentimos ese júbilo, ese gozo, sabemos que ese es el camino. Tener un sistema educativo amable, que nos lleve a ese conocimiento temprano, nos lleva a descubrir nuestro verdadero motivo, el propósito de vida que nos convertirá en seres plenos y felices, productivos y completos, pues estaremos cumpliendo nuestro deber supremo: hacer la voluntad de Dios utilizando las herramientas que Él nos regaló para poder cumplir la misión a cabalidad. A eso le llamamos Propósito.

Punto No. 13
Confiar en Dios

"La confianza es la piedra angular de toda la vida".
—Anónimo

En el mundo verdadero solo hay bondad, amor, abundancia y gozo. El mundo de la ilusión es falso, podemos ver la maldad, la escasez, la enfermedad y el temor. Dios no creó un mundo de escasez. No, ¿cómo podemos pensar eso? No hay nada en la vida que sea mezquino y escaso, la exuberancia de la vida lo abarca todo. Dios creó un mundo perfecto, lleno de paz, cohesionado por el amor. Pero nosotros a veces creemos lo contrario. Al creer que hay escasez, que carecemos de algo, como salud, dinero, felicidad, y que por lo tanto lo necesitamos, salimos a buscarlo para obtenerlo de cualquier manera, la mayoría de las veces de la peor forma.

Cuando el ser humano nace, a pesar de ser muy pequeño y vulnerable, él confía, hay un conocimiento interno que hace que solo pida lo que necesita, él no cuestiona o se asusta porque no tendrá lo que requiere, simplemente lo pide, utiliza el recurso que tiene para obtenerlo, llora. Este ser pequeñito tiene una sabiduría innata que le hace saber que todas sus necesidades serán satisfechas, él no pensó nunca que algo le iba a faltar, vino y esperó recibir todo.

Del mismo modo, el cuerpo que tenemos no teme no recibir los nutrientes y espera confiado a que cada órgano funcione. Los órganos no mandan correos al corazón demandando sangre, o el corazón se guarda una reserva de sangre por si acaso falta o si hubiera escasez. ¡No! ¿Se imaginan? El funcionamiento es perfecto, hasta que el hombre lo daña y eso es otro capítulo.

La vida, en su expresión más pura, tiene absoluta confianza en que va a ser sustentada, en que va a recibir todo lo necesario para su existencia.

Los pájaros, los árboles, viven seguros de recibir lo que necesitan. Nosotros nos maravillamos al ver a los pajaritos pequeños vivir en temperaturas muy bajas cuando sus cuerpos no son más grandes que la palma de la mano. Sus pequeñas plumas los protegen, todo su sistema está hecho para que vivan en tan difíciles condiciones y ellos confían.

Así como las aves y los niños confían en que recibirán y serán sostenidos, así es como tenemos que ser y actuar.

¿Cuándo empezamos a tener miedo de no ser sustentados por algo mucho más grande que nosotros? ¿Por qué creímos haber perdido nuestra conexión con la fuente de toda provisión?

Al parecer, en el momento en que empezamos a creer que solo a través del hacer logramos obtener lo que necesitamos, en ese momento perdimos la capacidad de confiar; pero algo más grande sucedió, creímos que no estábamos unidos a la fuente de todo, empezamos a vernos como separados de ella. Entonces allí perdimos la capacidad de confiar en el proveedor infinito, en el campo de infinitas posibilidades, en la fuente de toda cosa que pueda ser pensada y no pensada también.

Este olvido, o separación, creó un profundo error y trajo mucha confusión. El hombre empezó su carrera de hacer, se inventó una cantidad de cosas para obtener lo que necesita, en muchos casos no sabe ni por qué lo hace y si acaso funciona, pues el resultado de su hacer casi siempre lo lleva a la infelicidad.

Cuando enrumbamos por el camino de la oscuridad, el desasosiego fue grande y el temor empezó a apropiarse de nuestra vida. Dejamos de confiar y olvidamos quiénes éramos, de dónde procedemos; olvidamos que no nos creamos a nosotros mismos y que por lo tanto algo más grande nos creó; y que quien lo hizo tenía un propósito y todo resuelto para la vida, nuestro único trabajo es cumplir con ese propósito. No conocemos el propósito pues nos separamos del Creador, olvidamos las órdenes que teníamos, las instrucciones precisas para la vida. LAS PERDIMOS EN LAS DIVAGACIONES DE LA MENTE.

Así empezó el hombre a crear más cosas que lo alejan de su ser y cada creación está basada en el miedo, luego necesita levantar barreras para protegerse del miedo, ha inventado toda clase de antídotos para huir de la locura de vida que creó (drogas, alcohol, compras, distracción sinfín). La vida se fue llenando de dolor, sufrimiento, rabia, enfermedad, hemos hecho todo para destruir la vida porque le tenemos miedo; y como consecuencia, le tememos a Dios.

Hemos perdido la compresión de lo que se trata la vida y lo único que logramos percibir es la historia de terror que se ha fabricado a través de los siglos de existencia de la humanidad. El hombre se encuentra perdido en su propia creación, pero ya ha agotado todo dolor, ya está cansado de tanto sufrimiento, de tanta confusión y busca desesperadamente la salida de la prisión a la cual se condenó a sí mismo y de la cual hoy quiere escapar.

Al contrario de lo que podemos pensar, este estado de desesperación y ruina no lo va a destruir, simplemente ha llegado el momento de comprender que algo no está bien, que lo que hacemos no funciona, entonces el hombre deja de resistirse y deja de hacer, se entrega. Esa entrega es su máxima liberación, el acto más inteligente que puede realizar. Cuando nos entregamos no hemos perdido nada, no hemos fracasado, muy por el contrario, abrimos la puerta de la prisión, volvemos a la libertad.

El acto de entrega es liberador y a la vez nos da poder. Cuando nos entregamos decimos: "Bien, aquí está esto, no funcionó, no sé cómo hacerlo, que alguien me muestre cómo". Este acto nos hace responsables, nos fuerza a mirar dentro de nosotros mismos. En esos estados de mayor oscuridad es cuando más luz podemos encontrar, por lo tanto, vuelve la sensación de ser, buscamos esa pertenencia, necesitamos encontrarla. Por eso, *Un Curso de Milagros* dice que este es un curso obligatorio, porque todos hemos de volver al Padre y que solo será voluntario en el momento en que decidamos tomarlo, es decir que cada uno de nosotros tiene que decidir voluntariamente regresar a su verdadero Ser. No hay salida, todos hemos de regresar al origen donde lo tenemos todo y somos absolutamente perfectos, vinimos a vivir esa perfección. Somos un pensamiento de Dios, por lo tanto, perfectos, existimos porque Dios nos piensa, somos hijos del SER, que es lo mismo que una extensión del Ser. Como Él nos piensa, no podemos estar separados de Él, de la misma manera en que ninguno de nosotros puede estar separado de sus pensamientos. ¿Y cómo sería un pensamiento de Dios? TOTAL, ¿verdad? Entonces entreguemos nuestros miedos, nuestra rabia, nuestro dolor, nuestra enfermedad, nuestra falta de provisión y volvamos a donde lo somos TODO, VOLVAMOS A DIOS.

Dios es universal, pero también es personal. Para cada uno de nosotros existe aun siendo el mismo en formas diferentes. Esta idea la ilustra magistralmente Buda:

"Buda estaba reunido una mañana con sus discípulos cuando se le acercó un hombre y le preguntó:

—¿Existe Dios?

—Sí —respondió Buda. Un rato después, se acercó otro hombre.

—¿Existe Dios? —quiso saber.

—No, no existe —dijo Buda.

Al final de la tarde, un tercer hombre hizo la misma pregunta.

—¿Existe Dios?

—Tendrás que decidirlo tú mismo —respondió Buda.

—¡Maestro, qué absurdo! —dijo uno de sus discípulos—. ¿Cómo puedes dar respuestas diferentes a la misma pregunta?

—Porque son personas diferentes —respondió el iluminado—. Y cada una de ellas se acercará a Dios a su manera: a través de la certeza, de la negación y de la duda".

Lo importante es que cada quien, a su manera, confíe en Dios para recorrer su camino de vida, recordando siempre como lo dice Coelho: "Dios nunca entrará por tu cabeza, la puerta que Él usa es tu corazón".

Ralph Waldo Emerson lo expresa así: "Dios entra por una puerta privada en cada individuo". Confiar en Dios, es andar por la vida con la certeza de que todo aquello que encontremos en nuestro recorrido está puesto por Él, con el propósito de que aprendamos lecciones imprescindibles para nuestro crecimiento espiritual. Los ratos felices nos hacen sentir bien y los problemas están colocados allí como herramientas para demostrar nuestras capacidades, y para que descubramos la forma de superarlos y convertirnos así en mejores personas. Como dice William Cooper: "Dios se mueve en formas misteriosas, para llevar a cabo sus maravillas. Él planta sus pasos en el mar y navega sobre la tormenta". Confiar en Dios es enfrentar la vida con la certeza y la entereza que requiere saber que Él tiene un plan perfecto para nosotros, aun cuando no comprendamos por qué las cosas ocurren de la manera en que lo hacen. Es entender, como lo dice la palabra árabe "maktub", que todo estaba escrito.

Confiar en Dios es, como lo expresa el proverbio portugués, entender que "Dios escribe recto con líneas curvas". Es entender que Él quiere que nuestra única religión sea ser buenas personas, que hagamos el bien y que llenemos el mundo con la idea contagiosa de no perder la oportunidad de vivir Momentos Santos cada vez que podamos. Que no hablemos, que actuemos para dar lo mejor de nosotros con miras a construir un mundo mejor.

Así nos lo contaron...

"Mis lindas amigas, mi Momento Santo lo experimenté este año en abril, cuando en medio de una enorme angustia y dolor, me sentí conectada con mi fe como nunca antes, y desde el fondo de mi corazón experimenté que el amor es más fuerte que el egoísmo...

Luego de compartir un mes de intensas alegrías, gracias a la visita de mi mamá a mi casa. Una vez que regresó y a pocas horas de colgar el teléfono luego de mi charla diaria con ella, —aclaro que ella es una de mis almas gemelas en la Tierra— recibí una llamada avisándome que mi mamá iba camino a la clínica porque había sufrido un paro cardiaco. Ella vive en Bogotá, ciudad famosa por la intensidad del tráfico, y más en horas de la noche, cuando la gente regresa del trabajo; así que no fue posible que una ambulancia la recogiera en la casa y tuvieron que montarla en un auto y arrancar a toda carrera. En medio del camino se encuentran con una ambulancia que acepta llevarla y gracias a esto logran revivirla pues sufre otro paro cardiaco antes de llegar a la clínica... Cuando me dan la noticia, me dicen que son muy bajas las posibilidades de vida y que si lo logra sufrirá un daño permanente pues estuvo sin vida por unos minutos y su cerebro no recibió oxigeno...

En medio de mi horrible angustia y organizando mi viaje en plena noche, lo único útil que puedo hacer es orar... y pido, llena de dolor, pero con una extraña calma, que se haga la voluntad del Señor, que todo sea por el bien de ella y que si ha de sufrir que la lleve con Él... ¿Yo pidiendo eso para el gran amor de mi vida? Mi Momento Santo, fue experimentar ese inmenso amor y confiar en que todo sucedería de la mejor manera, incluso si eso provocaba en mí un inmenso dolor.

De camino al aeropuerto recibo una llamada desde el hospital y la doctora nos dice que el peligro ha pasado, que no hay ninguna explicación médica y que solo un milagro era la respuesta. Luego de seis días en cuidados intensivos y una cirugía para colocarle un marcapasos, mi mamá sale de su crisis y pasa a recuperación con un nuevo apodo: "Señora Milagros". Hoy, luego de seis meses de su renacer, escribo esto con lágrimas en los ojos que expresan mi infinita alegría y gratitud por ese Momento Santo que la vida me dio".

Punto No. 14
Necesidad de amor

> *"El amor es la flor que florece en ti"*.
> —Rumi

"Todo lo que necesitas es amor". Así dice la vieja canción de uno de los grupos musicales de *rock* más famosos y esta simple frase resume en realidad todo lo que el ser humano necesita. Cuando somos amor, tenemos amor, todo lo demás viene automáticamente una vez que la persona logra amar y ser amado. ¿Pero acaso ya no es amada? Claro que sí, desde el momento en que una persona es concebida ya es amada, por eso existe. Solo el amor crea y cuando la vida se manifiesta en la materia es porque el infinito amor de Dios la ha pensado y con esa energía la sostiene en su mente, es decir la piensa, y, como cualquier padre, está velando por ella y cuidando con infinito celo cada detalle de la vida de ese ser.

De esta manera, los seres, todos los seres, tenemos como origen el amor, y este forma parte de lo que somos, es nuestra esencia primordial. El amor es también una fuente de orden. Cuando el amor que somos lo dejamos fluir y que se manifieste, es seguro que todo lo que le rodea adquiere sentido y pertenencia, de allí el orden que genera el amor. Esta maravillosa energía nos une, cohesiona todo. Existen terapias que trabajan recalcando la necesidad de respetar esos órdenes del amor para que en la vida haya balance y paz.

Cuando Dios derrama su amor y nos va creando, parece que estamos separados, pero siempre estamos con Él, recibiendo ese amor. Al pensar en esa imagen las muñecas rusas vienen a la mente. La muñeca más grande es como la fuente de donde se originan las otras idénticas a la originaria, a la vez cada una parece independiente y todas a su vez pertenecen a la más grande, son como ella, más no son ella. Entonces, si nos damos cuenta, ese amor procede de Dios y como sus hijos lo heredamos para también repartirlo. Si hay algo que todo ser humano necesita para la vida, es amor.

En el trabajo de Marianne Williamson *Las Cartas de los Milagros*, cuyo esquema nos sirvió de guía para el desarrollo de este libro, dice: "La afirmación de que los niños necesitan amor es algo universalmente aceptado, pero ¿a qué edad se supone que dejamos de necesitarlo? La verdad es "nunca". Así como necesitamos el oxígeno para respirar, también necesitamos el amor para vivir felizmente".

Todos los días somos testigos de esto, cuando vemos que seres humanos han sido privados del amor y el calor humano, aun cuando los alimenten se van apagando, no crecen a ritmo normal, sus funciones neurológicas tampoco se desarrollan bien y su desarrollo se compromete, algunos incluso llegan a fallecer. El amor es la fuente de energía que sostiene toda la vida y está con nosotros, no tenemos que hacer más que dejar que se manifieste, no tiene que ser con o a través de alguien en particular, debemos darlo a aquel que lo necesite en el momento en que lo necesite. El amor no se posterga ni tiene fecha de vencimiento, se puede expresar de muchas formas, aunque sea dirigido a un solo ser humano, lo importante es que las personas a nuestro alrededor sientan que las amamos y que son importantes para nosotros.

Caso parecido ocurre con los animalitos que son abandonados y maltratados. Una vez que alguien los recoge y les da amor, el cambio del animal es increíble y lo primero que observamos es el deseo de vivir de nuevo. Igual sucede con las plantas. Toda vida necesita que le brindemos amor y cuidado que a su vez recibimos, es un acto recíproco. Debemos devolver ese amor que la vida nos regala, para continuar creciendo y evolucionando. Ya no se trata solo de nosotros los seres humanos, se trata de toda la vida. Amar al niño, al joven, al pobre, al rico, amar el agua que nos nutre, al aire y la tierra, los animales y las plantas. Amar todo lo que existe, porque cuando amamos estamos amando a Dios y devolviéndole todo el amor que Él nos prodigó en la forma en que lo necesitábamos para esta vida material. El sustento de toda vida material es el amor. Todos necesitamos amor, somos un Universo de Amor.

Traigamos a consciencia entonces, no solo nuestra necesidad de amor, sino también nuestra infinita capacidad de producir y dar amor. En las palabras de la Madre Teresa de Calcuta: "Soy un lapicito en la mano de

Dios que escribe y va a enviar una carta de amor al mundo". Tomemos conciencia pura de que todos somos instrumentos del amor de Dios y aprendamos a ser generosos con esa bendición que Él nos dio. La Madre Teresa es un ejemplo vívido de lo que es ser esencia de amor. Varias de sus citas explican a cabalidad su experiencia terrenal en cuanto a lo que es vivir el amor. Ella nos dice: "Hay muchas personas en este mundo que anhelan un pedazo de pan, pero hay muchas más que anhelan un poco de amor".

Pareciera que en la actualidad hay más hambre y escasez de amor que de alimentos. Debemos despertar a esta realidad y dar siempre al otro lo mejor de nosotros mismos. En palabras de la Madre Teresa: "No es la altura, ni el peso, ni la belleza, ni un título o mucho menos el dinero lo que convierte a una persona en grande. Es su honestidad, su humildad, su decencia, su amabilidad y respeto por los sentimientos e intereses de los demás".

"No pienses que el amor para ser genuino tiene que ser extraordinario. Lo que necesitamos es amar sin cansarnos", dijo la Madre Teresa.

Estas palabras sencillas, han de ser semillas que plantemos en nuestros corazones y reguemos cada vez que hagamos una acción positiva por otro. Así vivió su extraordinaria vida de servicio la Madre Teresa, su fabuloso y titánico ejemplo debe inspirarnos para seguir esos lineamientos de vida, dando lo mejor de nosotros cada día al otro. Ella así lo describió: "Da siempre lo mejor de ti y lo mejor vendrá".

Si todos ponemos nuestro empeño, nuestro granito de arena, lograremos tener un mejor mundo en el cual vivir.

De nuevo citamos dos pensamientos de la Madre Teresa: "A veces sentimos que lo que hacemos es tan solo una gota en el mar, pero el mar sería menos si le faltara esa gota".

Toda intención, todo esfuerzo y toda acción es válida e importante, por más pequeña que parezca, porque genera un efecto positivo en los demás. Incluso cuando se trata de un acto que quizás pasa desapercibido, pero cuyos efectos secundarios se multiplican insospechadamente en quienes lo reciben. Nunca dejemos pasar un día sin dar amor indiscriminadamente, ya que como lo dice la Madre Teresa: "Los trabajos buenos son eslabones que forman una cadena de amor".

¿Qué mejor definición que esta de lo que es un Momento Santo?

Así nos lo contaron...

"Mi Momento Santo, que nunca olvidaré, fue hace años cuando trabajaba en la policía municipal y por no acatar una orden arbitraria de mi superior fui asignada a custodiar una casa de hogar en donde vivían niños que fueron abusados y abandonados. Pero para mí eso no fue un castigo, sino al contrario, fue una gran bendición. Al estar con estos niños les fui tomando mucho cariño y me preocupaba por ellos. La monja que estaba a cargo de la casa-hogar era una persona con un carácter severo, muy poco cariñosa con los niños, y no les daba alegría a estas criaturas. Así que organicé un plan, decidí pedir ayuda a una empresa de la zona, quería conseguir juguetes y prepararles una comida para la noche de Navidad. Le escribí a la empresa INTEVEP de la ciudad de Los Teques solicitando la ayuda. Pasaron los días y no obtenía respuesta, pero el 23 de diciembre en la mañana llegó una comisión de esta empresa. Fue impresionante porque trajeron muchos juguetes, una piñata, dulces y comida. Fue maravilloso y eso que la carta que envié pedía solamente un juguete para cada niño. En total eran veintiuno, entre niñas y niños. Yo me quedé sin habla. Les di las gracias por todo pues estaba tan emocionada que no podía decir nada más. Ya estando sola lloré y le di muchas gracias a Dios por aquel hermoso milagro para los niños. Ver sus caritas de alegría me llenó de mucha felicidad. Fue hermoso vivir ese Momento Santo que nunca olvidaré".

Punto No. 15
El perdón

"¿Qué prefieres:
ser rehén del ego o anfitrión de Dios?".
—*Un Curso de Milagros*

Una vez aprendí de uno de mis maestros, que la paz es dejar pasar el pasado. Este simple pero aparentemente muy complejo acto, es la llave que nos abre las puertas de liberación de todas las cosas que de alguna manera nos mantienen en la creencia de que somos víctimas de algo o que no tenemos control sobre lo que nos ocurre y que debemos simplemente sufrir las consecuencias de algo malo que nos sucedió.

Cuando mantenemos un hecho del pasado en el presente, estamos impidiendo que lo que tiene que ocurrir en el momento presente ocurra, o lo que es peor, si ocurre no lo vemos porque a través de nuestra percepción volveremos una y otra vez a proyectar la situación que nos dolió o molestó, creando un estado total de caos, pues no somos capaces de ver lo que sucede realmente, y mezclamos todo con otras experiencias similares que tenemos en la memoria y así vamos acumulando más rencor y dolor.

Es una trampa cruel y a la vez muy eficiente en la que nosotros mismos hemos decidido meternos.

Cuando el acto de olvidar es realizado, siempre es percibido como una liberación.

¿Qué es el olvido y cómo lo relacionamos con el perdón? El olvido, podemos decir que es una información que teníamos en la memoria y que se borró, que ya no está. Si esa información se ha perdido, es porque de alguna manera la hemos dejado de usar y por lo tanto su fuerza se va perdiendo y lentamente se disuelve lo que teníamos guardado en la memoria. Entonces, la única manera de mantener algo en la memoria es verlo, atraerlo, recordarlo todos los días, hay un acto voluntario de hacerlo, que de tanto repetirlo se vuelve involuntario. Como cuando manejamos un auto con cambios, debemos estar atentos a estos y repetirlos muchas veces hasta que lo hacemos de manera automática. Cuando no perdonamos es porque hemos tomado la decisión de vivir recordando ese momento, hemos decidido anclarnos en el pasado y de tanto repetirlo vivimos allí sin darnos cuenta, en automático. Y a la vez hemos decidido negar el presente, el cual transcurre igualmente, pero sin nosotros, pues como estamos ocupados sosteniendo una visión del pasado, no podemos dejar que lo que ocurre en el presente se nos revele, pues no le damos espacio. Así vamos con muchos recuerdos, atesorando y llenando la vida que tenemos con los viejos trastos cargados de rabia y rencor de nuestro pasado.

Y nos preguntamos cada día: ¿Cómo puedo uno ser feliz?, ¿cómo se puede alcanzar la tranquilidad y la paz? Parece entonces obvio que la decisión de ser feliz y estar en paz es un acto consciente y racional, no hay ninguna magia y ninguna persona tiene el poder extraordinario de borrarlo, solo cada uno de nosotros es responsable. Somos nosotros mismos los que tenemos que tomar la decisión de dejar de pensar en algo que tuvo su momento pero que ya dejó de existir, así hubiese habido o no consecuencias; somos nosotros los que tenemos que dejar pasar el sabor amargo de ese recuerdo en lugar de continuar degustándolo en la boca. Cabe entonces preguntarnos, si es un acto cuyo único beneficiario somos nosotros mismos, ¿qué nos impide perdonar? Al perdonar estamos limpiando un espacio para darle cabida a algo nuevo.

Mientras más cosas mantenemos retenidas, más difícil es la vida que llevamos en el presente y más oscuro se hace poder comprender y ver el presente. Hemos basado erróneamente nuestro entendimiento de las cosas en la percepción y en base a ello emitimos un juicio, de allí nace la afrenta que experimentamos, nos sentimos apenados y con mucho dolor por lo que sucedió. Pero la percepción es engañosa, si no, observen un evento, como puede ser un accidente, pregunten a los testigos y verán que hay tantas versiones como personas entrevistadas. Entendamos que la ciencia ya ha demostrado que lo que los sentidos nos muestran no es del todo confiable.

Entonces, ¿a qué hacerle caso? Para tener una idea clara de lo que sucede, una forma sería conocer todos los hechos y variables involucradas, a partir de allí podemos decir que sabemos con certeza qué sucedió. Sin embargo, conocer todas las variables es prácticamente imposible y por lo tanto esa no es la vía del conocimiento. No podemos saberlo todo, pero sí podemos saber sobre nosotros mismos, sí podemos conocer quiénes somos. Lo que nos da el verdadero conocimiento, está dado en función de saber quiénes Somos. El conocimiento no puede engañar, la percepción sí. Cuando nos reconocemos como seres de paz, tranquilidad y amor, y los sabemos nuestros, no hay evento que tenga el poder de arrebatarnos esa paz, ese equilibrio, esto no será posible, es algo que nos pertenece y que está allí. Estos atributos de cada Ser son como las huellas digitales, son únicas, están allí para decir quién es cada uno de nosotros, no hay forma de cambiarlo, nos hacen nosotros mismos. Miremos cada línea de nuestras huellas digitales como un valor o un atributo: la paz, la alegría, el amor, la salud, la prosperidad, están allí aun cuando parezca que nos las han arrebatado, pero eso no es posible porque siempre han estado, y estarán por siempre, allí. No hay poder en el mundo que pueda quitárnoslas. El ser es completo y tiene todo lo que necesita.

Nuestro Ser nunca deja de estar en paz, a pesar de que la mente esté en conflicto. El problema empieza cuando conferimos el poder sobre nosotros a otra persona o cosa. Así sucede cuando decidimos que el amor en nuestro corazón depende de alguien, cuando la realidad es que ya tenemos amor y somos amados; o cuando pensamos que la prosperidad depende de las cosas que se puedan tener, y si no, uno se siente pobre y en escasez. Y la verdad es que lo tenemos todo. Es así como le damos nuestro ser a otras personas o a las cosas. Nuestro poder lo fuimos repartiendo.

Cuando sentimos que no nos trataron bien, es porque permitimos que el otro tenga el poder sobre nuestro bienestar, y por eso nos sentimos mal, nos deprimimos y estamos tristes porque el otro nos falló y no nos dio lo que necesitábamos, aunque la realidad sea que ya lo tenemos todo. Pensamos entonces en escarmentar a quien nos hizo daño; lo castigamos y como parte del correctivo sentimos odio, rabia, tristeza, sufrimiento, pequeñez, en una confusión tal que pensamos que todo es hacia el otro, cuando en realidad toda esa emoción está dirigida hacia nosotros mismos. Sí, porque la mayoría de las veces el otro ni se entera, mientras uno muere en un mar de dolor y condescendencia personal. El perdón es un acto que solo beneficia a uno mismo, ya que es el único que se ha hecho daño al sostener por años un recuerdo que ya no tiene ninguna razón de ser.

El perdón es un acto de amor para con nosotros mismos, es devolverle a nuestro Ser la plenitud con que fue creado. Los demás seres humanos vinieron a compartir esa herencia, son poseedores de los mismos atributos, por lo tanto, están llenos de amor, paz y bondad.

Así, el perdón es uno de los regalos más valiosos que nos hacemos a nosotros mismos. Somos como pájaros enjaulados por la miseria del rencor, y lo que abre la puerta de la jaula es el perdón; eso es lo que nos libera y nos deja volar por los cielos a nuestras anchas.

George Herbert lo ilustra así: "Aquel que no pueda perdonar a los otros, destruye el puente sobre el cual él mismo debe pasar". Retomando el ejemplo del ave, quien no perdona, corta sus propias alas y se impide a sí mismo avanzar. Sentir rencor es anclarse en un momento pasado, que no solo no tiene cabida en el presente, sino que también nos impide disfrutar del ahora. Perdonar nos genera una inmediata sensación de ligereza, pues nos hemos deshecho de una carga innecesaria. William Arthur Ward lo describe así: "El perdón es una cosa curiosa: calienta el corazón y alivia la picada".

Perdonar requiere de una gran fuerza, de empatía y de una enorme capacidad de ponernos en el lugar de quien nos ofende; y, ante su agresión, ser capaces de comprender sus motivos aun cuando no los compartamos. Madame de Staël nos explicó: "Entender es perdonar". Pero la tarea es aún más larga, pues no se trata solo de perdonar a los demás, sino de perdonarnos a nosotros mismos. De ser indulgentes, de no exigirnos tanto, de no ser tan estrictos. Apoyarnos a nosotros mismos para poder seguir avanzando. Catalina la Grande dijo: "El día en que el niño concientiza que todos los adultos son imperfectos, se convierte en adolescente; el día en que los perdona, se convierte en adulto; y el día en que se perdona a sí mismo se convierte en sabio".

Para concluir, les dejamos un hermoso consejo de Ann Landers para vivir una vida más sana, feliz y libre de rencores: "Uno de los secretos de una vida larga y fructífera es perdonar a todos y todo cada noche antes de ir a la cama". Así, habremos vaciado nuestros corazones del dolor y seremos capaces de llenarlos de amor para poder vivir una vida llena de Momentos Santos.

Punto No. 16
Desechar los temores

"Nunca podrás controlar los efectos del miedo, porque el miedo es de tu propia invención y no puedes sino creer en lo que has inventado".
—UCDM

"Que nada debilite tu convicción de que puedes ser lo que quieras ser. No hay ninguna ley de Dios evitando que seas lo que quieres ser y que logres lo que quieres lograr. Nada perjudicial o dañino puede afectarte a menos que tú mismo lo autorices o apruebes. Recuerda, tú eres el dueño de tu propio destino".
—Paramahansa Yogananda

Desechar los temores implica reconocer al otro desde su infinita inocencia, estar en la absoluta certeza de nuestra unidad con todo lo que se ha creado. El temor habla de nuestros sentimientos de separación y de incertidumbre. Es la misma vacilación que solo existe en nuestra mente y que es alimentada con cada juicio o culpa que emitimos o sentimos.

Lograr una mente libre de culpas significa rendirse, aceptar la situación y dejar que nuestra intención nos muestre el camino a recorrer; esto implica elegir entre un sistema de creencias u otro, ambos son excluyentes. Una mente con un estado de elección elevada, con intenciones purificadas, permitirá que se puedan manifestar, y se manifestarán para cada uno de nosotros con enorme facilidad, situaciones diferentes que nos aportarán paz, alegría y seguridad, pero debemos dejar de proteger el sistema del pensamiento que creó el miedo. Por eso, la aceptación amorosa de lo que experimentamos, evitará que emitamos juicio adicional en donde aparecemos jugando el papel de victimario que castiga y señala al otro su error, o el de la víctima de otros o de Dios mismo.

Es importante detenernos a pensar en los pensamientos que crean esa incertidumbre que pronto se convierte en temor. Es muy útil recordar aquí la explicación tan sencilla que hemos escuchado muchas veces con respecto al temor. Cuando somos niños, en la noche tenemos miedo de un sonido que viene de la ventana o de un movimiento que hace la cortina, nos sentimos aterrorizados, lloramos y gritamos, y parece que mientras más chillamos más se acrecienta el peligro. Entonces llega nuestra madre y prende la luz, nos muestra que no hay nada que temer, el peligro desaparece cuando lo vemos en la claridad de la consciencia. Por ello es tan importante empezar a ver todo lo que nos sucede con la absoluta claridad de mente y conocimiento.

Ya hemos hablado en otros capítulos sobre el sentirnos separados de la fuente de vida y amor mientras depositamos nuestra fe en las percepciones, ¿cómo no vamos a sentir temor? Si igual que el niño pequeño, mediante la percepción solo vemos fantasmas que se hacen más grandes y peligrosos a medida que pensamos más en ellos. Entonces vemos que solo la luz del conocimiento nos permite volver a la calma y la serenidad.

Cuando volvemos a la calma, es porque nuestra confianza se ha depositado en cimientos firmes e inmutables que solo se encuentran en la fortaleza del espíritu, y que basan su fe en esa confianza que está siendo sostenida y cuidada por una entidad o ser que le brinda toda su fuerza. Hay un lugar en cada uno de nosotros donde mora la fortaleza de Dios. Cuando logramos encontrar ese lugar, no hay nada que no podamos realizar ni dificultad que se vea como tal. Nadie que deposite su fortaleza en Dios puede sentirse inseguro.

Empecemos entonces a desechar todas nuestras faltas, empecemos a mirar con otros ojos los posibles errores de los otros, llamemos a nuestros corazones para encontrar las respuestas a nuestros problemas que son la ira, el miedo, la ansiedad y la depresión. Expongámonos ante la inmensidad de Dios y su protección.

No debemos permitir que ningún evento externo tenga poder sobre nosotros, es por eso que Jesús dice que tenemos que trabajar con nuestros pensamientos.

Este mundo es el mundo del ego temporal y cambiante, no tiene que ver con Dios. Dios no tiene nada que ver con la creación de la percepción, es solo una fabricación de nosotros mismos y por eso es irreal, no tiene fuerza. Es muy importante observar la mente y tener la voluntad de soltar lo que creamos que es valioso.

No juzgar es lo más difícil de hacer. Dejemos pasar todo sin preocuparnos, sin emitir juicio alguno. Aunque duela, no debemos juzgar, y más bien busquemos dejar que las cosas pasen.

Los maestros espirituales nos dicen que el miedo no existe, que es producto de nuestra imaginación la cual lo crea y nos autolimita.

Se habla de que el miedo paraliza, hunde, frena…

Sin duda, le pongamos el nombre que le pongamos, miedo o temor, se trata de una emoción que sentimos en determinadas circunstancias de nuestra vida, generada por momentos de angustias a veces reales, otras ficticias. Por ejemplo, tenemos un trabajo y notamos que nuestro jefe ya no nos trata de la misma manera. Allí comenzamos a elucubrar ideas fantásticas sobre los posibles motivos de su actitud, como que quizás consiguió a una persona mejor para el puesto y ya no nos toma en cuenta, o tal vez que uno está viejo y quiere darle la oportunidad a alguien más joven, o que quizás se cansó de uno o no le gustó la forma en que le hablamos o le molestó que faltáramos al trabajo. En fin, son tantas las cosas que podemos llegar a suponer, que si atendemos a todos los demonios que crea nuestra mente, sin duda enloqueceríamos. Llevamos en nuestro interior tantos temores heredados o inventados, que realmente prestar atención a nuestra máquina productora de suposiciones, es un ejercicio aterrador y por demás agotador. Por ello, la meditación busca aquietar nuestra mente para lograr serenidad y paz. Todos estos temores podrían ser como enormes nubes negras cargadas de una lluvia que quizás jamás caiga, o que si cayera nos destruiría, pero a fin de cuentas veremos que eso nunca sucede.

Les dejamos un mensaje muy especial de un padre a su hijo, por motivo de su cumpleaños, el cual llamó poderosamente nuestra atención por su profundidad y relación con este tema.

"Nunca le entregues tus sueños al miedo.
Que ese palpitar ensordecedor no te deje atónito
sin saber qué hacer
... No le huyas a ese silencio penumbroso,
más bien enfréntalo y dile: AQUÍ ESTOY YO.
Desafíalo, pero no lo maltrates,
él en el fondo es bueno.
¿Sabes cómo enfrentarlo?
Saborea su amargura lentamente, escucha atentamente
el retumbar de tu corazón y siente lo que ocurre en ti,
luego respira, abrázate con Dios y pasará...".

Imposible dejar pasar tan poderoso manual en positivo, de cómo manejar el miedo. Alargando la idea, se trata de ponerle la cara a los temores, mirarlos fijamente, enfrentarlos con la conciencia y el respeto que merecen, sentirlos, procesarlos, digerirlos, entenderlos, nunca subestimarlos. Luego serenarse, confiar en Dios y seguir adelante, con la firme convicción de que no será para siempre.

En ocasiones, uno puede sentir que la concientización profunda de esa emoción puede ser tan poderosa que nos abrazará muy fuerte, hasta casi ahogarnos, y que allí, en ese momento, el miedo se convertirá en un poderoso motor de acción, en un maravilloso trampolín, entendiendo que si no nos deshacemos de su abrazo moriremos ahogados en él. En ese sentido, el miedo es el vehículo de liberación hacia nuestra valentía, hacia el reconocimiento y valoración del poderoso ser humano que somos en realidad. Como dicen, nadie sospecha lo fuerte que es, hasta que ser fuerte es la única opción.

Es preferible ver los temores enfrentados con valor como oportunidades que Dios nos da para descubrir quiénes somos en realidad y todo lo que somos capaces de hacer. Superar los temores es el primer paso hacia la auto-realización y nuestro verdadero empoderamiento. Como cualquier otra emoción, positiva o negativa, es normal, está bien tenerla, sentirla, vivirla, entenderla, internalizarla, trabajarla y superarla para llegar a ser la mejor versión de nosotros mismos. Enfrentemos los temores y sigamos adelante, superándolos y convirtiéndonos en vehículos para ayudar a otros a entenderse, a ayudarse a sí mismos, para entonces ser capaces de producir desde nuestro interior y hacia los demás, la comprensión y aceptación de sus emociones, y desde allí, ser maquinarias indetenibles para la creación de Momentos Santos.

Un famoso poema de Rumi, *La Casa de Huéspedes*, nos habla de su visión en positivo de cómo ir afrontando lo que nos ocurre en la cotidianidad:

"El ser humano es una casa de huéspedes.
Cada mañana llega alguien nuevo.
Una alegría, una depresión, una mezquindad,
alguna conciencia momentánea llega
como un visitante inesperado,
¡dale la bienvenida!
Aunque sea una multitud de penas,
que barren violentamente tu casa
y la despojan de todo mueble,

aun así, trata con honores a todo huésped,
puede que te esté preparando
para algún nuevo deleite.
El pensamiento oscuro, la vergüenza, la malicia,
recíbelos en la puerta riendo,
e invítalos a entrar.
Agradece la entrada de todos
porque cada uno te ha sido enviado
como guía desde el más allá".

En resumen, es necesario recibir con la mente abierta lo bueno y lo malo que nos ocurre, entendiendo que es un ingrediente necesario para nuestra vida, indispensable por demás, para llevarnos a cumplir aquello que Dios tiene previsto para nosotros.

Así nos lo contaron…

"'Momentos Santos'... Qué bello, me gusta la idea de compartir esta experiencia. Creo que en mi Vida he tenido muchos Momentos Santos, pero el más GRANDE y con el que he sentido más gratitud en mi vida, es que siendo operada tres veces de tumores de ovarios y trompas, con tan solo algunos pocos centímetros del ovario izquierdo porque el derecho ya me había sido extraído en una de mis operaciones al igual que mi trompa izquierda, y habiendo sido diagnosticada como 'estéril', ¡llegó Victoria de los Ángeles a nuestras vidas como el Milagro más bello y grande, para llenarnos de bendiciones, ilusión, paz y amor! ¡Ella es la fiel muestra de que los Milagros existen y que Dios es quien decide sobre nuestras vidas!

Gracias por permitirnos compartir tesoros tan grandes como este".

Punto No. 17
La felicidad

> *"La felicidad es la consecuencia*
> *de vivir de cierta manera".*
> —David Hawkins

"En algún lugar sobre el arcoíris
muy, muy alto...
hay una Tierra de la que escuché contar
en una canción de cuna.

En algún lugar sobre el arcoíris,
los cielos son azules
y los sueños que te atreves a soñar
se vuelven realidad.

Algún día pediré un deseo a una estrella
y despertaré muy lejos de las nubes
dejándolas atrás,
donde los problemas son como gotas de limón
lejos, muy por encima de las chimeneas,
allí es donde me encontrarás.

En algún lugar sobre el arcoíris
vuelan pájaros celestes.
Los pájaros vuelan por encima del arcoíris,
entonces, ¿por qué yo no podría?

Si los pájaros vuelan alegremente
más allá del arcoíris...
¿Por qué yo no podría?".

Así es como la alegría se muestra en nuestras vidas, cuando dejamos que cada momento nos devele el regalo que trae consigo. Siempre está lleno de amor, paz, gozo y plenitud. La felicidad es un regalo de Dios para todos sus hijos. Es un estado del Ser, como lo es la paz, el amor y la salud. Aprendimos hace tiempo que estos son atributos de Dios y nosotros, como sus hijos, los heredamos.

La vida sonríe desde la mañana, cuando el sol que marca el día aparece en el horizonte como un gran rostro sonriente para que nos levantemos de la cama a disfrutar de todas las promesas que trae el nuevo amanecer. La alegría, por lo tanto, es un sentir que está con nosotros, no tiene causa externa, es estar aquí y ahora, nunca nos abandona, permitamos que se manifieste, callemos nuestros pensamientos y miremos la vida tal cual es, como se presenta, ella siempre está sonriendo. Esa sonrisa está en cada uno de nosotros, dejemos que salga y con todo gusto regalársela al mundo.

Cuando nos aquietamos y hacemos silencio, silencio del habla, silencio de la mente, es allí cuando podemos sentir lo que contiene la vida, ese gozo de toda la creación cuya manifestación física es la belleza.

¿Alguna vez se han preguntado por qué los niños son naturalmente felices? La respuesta es muy simple, viven en el momento presente. Esto implica muchas cosas: perdonar, dejar el pasado, tener valor, confiar en la vida, confiar en sí mismos. Cosas que para los adultos son muy difíciles de lograr.

Empecemos a vivir el presente, amemos, cantemos, bailemos, actuemos de acuerdo con lo que nos dice el corazón. Sintamos emociones genuinas en todo lo que hacemos.

Como vemos, la dicha es un estado interior de conciencia, está en función de nuestra manera de percibir y experimentar el mundo. La fuente es nuestra conexión con nuestro Dios, es nuestra causa, y la felicidad es el efecto de esa conexión. Pero cuando perdemos esa conexión nos quedamos como vacíos, la felicidad se nos escapa.

En muchas oportunidades confundimos la alegría y la asociamos con algo circunstancial, un evento o una cosa. Es en esos momentos que pensamos que la felicidad viene porque algo ha ocurrido en nuestra vida, nos sentimos alegres porque logramos tener un carro, compramos una casa y cosas por el estilo, le damos significado a esos eventos. Y lo contrario, por supuesto, cuando no ocurre nos sentimos infelices. Esta manera de ver y percibir al mundo y a nosotros mismos hacen que la felicidad dependa de sucesos aleatorios. Son momentos breves, situaciones que duran muy poco, esta felicidad es siempre esquiva, por lo tanto, la supuesta alegría va y viene como las olas del mar. Esto es un gran error que nos ha traído mucha pena y disgusto en la vida. Visto de esta manera, los momentos de felicidad se hacen muy breves y en muchos casos hasta difíciles de disfrutar.

Es el momento de empezar a educar a nuestros hijos a ser felices y dejar de enfocarnos tanto en que logren metas materiales, las cuales no son importantes si se carece de esa experiencia de estar conectados a esa gran fuente de energía que nos trae la capacidad de estar allí en el momento indicado, inspirados en lo que hacemos, creativos, y, por ende, listos a obtener los mejores resultados. Si perseguimos solo los éxitos materiales, sin estar en el estado interior del Ser, los resultados nunca son permanentes y por lo general son conducidos por el miedo al fracaso, lo que los hace aún más aterradores.

La felicidad es un estado, es algo que siempre está allí con nosotros, no depende de ninguna circunstancia. Un bebé sano y alimentado siempre está feliz, le es muy fácil sonreír. Él está feliz porque ese es su estado natural.

Sonriámosle a la vida, regalémosles a nuestros hermanos un poco de nuestra dicha y ayudémosles a que sus vidas sean más fáciles. Contagiemos nuestra alegría a todo en la vida. Lo más importante para ser feliz es no tener ningún motivo, simplemente sonriamos y veremos cómo todo nuestro Ser comienza a cambiar. Regalémosle al mundo una sonrisa ahora. Gracias, el mundo nos lo agradece.

La felicidad es plenitud, es un estado de gracia, de gozo. Deriva de las cosas simples y básicas, de la gratitud que sintamos por quiénes somos, por nuestros dones, por lo que hacemos por contribuir a vivir en un mundo mejor.

El compromiso supremo de hoy en día es contribuir a crear seres íntegros y generosos, que entiendan que todos somos uno y que se dediquen a ser agentes de cambio para un mundo mejor. Como lo dice el Dalai Lama: "El planeta no necesita más gente exitosa. Lo que el planeta requiere en forma desesperada, es más hacedores de paz, más sanadores, más restauradores, más cuentacuentos y más amantes de todo tipo". Para lograr este gran cometido, es preciso ajustar las piezas. Y como lo dice Ghandi: "La felicidad consiste en poner de acuerdo tus pensamientos, tus palabras y tus hechos". Una vez armonizados todos estos elementos, se hace entonces la labor más fluida, pues la felicidad básicamente es una disposición de la mente y no una condición de las circunstancias. Así lo expresa Robin Schapira cuando dice: "La puerta de la plenitud se abre hacia adentro". La principal labor es la autoescuela, el cambio personal, el granito de arena que contribuye a formar la orilla. Como lo dice el proverbio hindú: "Nada ha cambiado, solo yo, por lo tanto, todo ha cambiado".

Vivimos en un mundo en donde a diario la tecnología usurpa las emociones simples. Necesitamos, desde un dispositivo electrónico, expresar lo que sentimos, olvidando mirarnos a los ojos, hablar, compartir una caminata por la playa y todas aquellas experiencias sencillas que favorecen la comunicación directa con el otro. En la era de la máxima sofisticación tecnológica, resulta que estamos completamente desconectados, desenchufados de nosotros mismos y del otro. Tenemos miles de seguidores por las redes sociales, pero estamos solos en una habitación; la conexión, por lo tanto, es vacía. La gran labor ha de ser el restablecimiento de la conexión entre los seres desde una energía depurada de lo superfluo, universal y absoluta, que nos permita trabajar en equipo, tender nuestras manos para colaborar con el otro; ya que al final, la meta suprema es vibrar alto en una misma frecuencia pues todos somos uno, así como lo decían Los Tres Mosqueteros: "Todos para uno y uno para todos". Todos unidos en la energía suprema del amor, creando constantemente Momentos Santos para nosotros y para los demás, entendiendo que irremediablemente todo lo que damos, se nos regresa con creces, y a eso le llamamos felicidad.

La felicidad es una extraña y maravillosa operación matemática. Según Paulo Coelho: "La felicidad es algo que se multiplica cuando se divide".

Las autoras también viven momentos de felicidad

"Es curioso, al sentarme a escribir esta mañana muy temprano, cosas maravillosas pasaron, en la radio sonó la canción *Mas allá del Arcoíris*, hermosa canción con la que empieza este capítulo, llena de esperanza, alegría y gratitud por un mundo maravilloso lleno de grandes sueños. Y justo en ese mismo instante, el pequeño árbol frente a mi ventana, desnudo aún por el crudo invierno, se llenó de hermosos pajaritos, muchos, parecía un árbol emplumado. Eran de diferentes tamaños y todos volaban de rama en rama como una danza de saludo a la mañana. Yo miraba divertida y a la vez con cierta curiosidad por su presencia, estábamos lejos de la primavera. Sentí dicha y agradecimiento por la vida. Me sentí feliz. Al instante en que pensaba que era muy afortunada de vivir esa experiencia, continuaron los regalos, dos de esas hermosas aves, volaron y se pararon en mi ventana y miraron directo hacia mí, ¡qué emoción! Yo les dije: "Yo también los amo". Sentí en mi corazón una inmensa alegría y gratitud por poder disfrutar de ese momento, sencillo, pero totalmente lleno de alegría y gozo".

"Hay un ejercicio que les pedimos a las personas en los talleres de sanación que hagan, aquí lo vamos a resumir bastante, pero la idea es esta: Consiste en pensar en una persona querida que les hace sonreír y que sientan esa emoción. Luego les pedimos que quiten la imagen y se queden con lo que sienten en ese momento. Deben repetirlo hasta que no necesiten la imagen, ni de nada más para sentir ese sentimiento. Y luego que logran tener este sentimiento sin la imagen, traerlo a su conciencia tantas veces como sientan que deban hacerlo, hasta lograr sentirse felices porque sí, solo porque quieren sentirse felices".

"Desde mi perspectiva de madre, felicidad es la gratitud que siento al haber podido traer al mundo a mis hijos y tener el privilegio de ser madre y estar con ellos al máximo, para intentar ayudarlos a esculpir la mejor versión de ellos mismos y entregarlos al mundo cuando estén listos, para así retribuir en amor todo aquello que han recibido".

CAPÍTULO 4
ACTITUD

*"La actitud es una pequeña cosa
que marca una gran diferencia".*
—Winston Churchill

Como vimos en el capítulo anterior, el propósito es
el motor que nos guía a través de nuestros sueños, pero
este propósito no puede ser concretado si no lo apoyamos
con lo que podríamos llamar la correcta actitud. Aquella
postura que decidimos tener ante lo que vivimos, nos
determina por seguro el resultado final de lo que vamos
creando.

Hablar de la correcta actitud, incluye pensar con
emoción y pasión con respecto a lo que queremos
emprender. Es común en estos días hablar de actitud
positiva, nosotros preferimos llamarla actitud emotiva,
actitud amorosa, actitud excitada; solo cuando sentimos
ese impulso, que solo la emoción del amor nos los da, es
cuando podemos llevar adelante proyectos hermosos,
duraderos y grandiosos.

Sostener la correcta actitud requiere de mantener
una mente sana, con pensamientos que nos generen esos
sentimientos de emoción que son los que por seguro nos

llevan a la acción. Los pensamientos que sostienen nuestra actitud son la clave de lo que nosotros iremos recorriendo; y es que cuando se da esta magia, las oportunidades aparecen y la sincronía con todo lo que necesitamos también llega. Cuando tenemos una actitud amorosa en nuestro corazón abriremos los caminos por donde transitemos sin siquiera proponérnoslo.

Nuestro trabajo, nuestra relación con el dinero, con los juicios propios y ajenos, aquellos modelos que decidimos imitar van a estar muy influenciados por la actitud que tengamos en cada momento. Aquí, una hermosa reflexión del pastor Charles Swindoll sobre la actitud.

*"Mientras más vivo, más entiendo el **impacto de la actitud en la vida**. Para mí, **la actitud es más importante** que los hechos. Es más importante que el pasado, que la educación, el dinero, las circunstancias, los fracasos, los éxitos, lo que piensan, dicen o hacen los demás. Es más importante que las apariencias, las **habilidades o los recursos**. La actitud construirá una compañía, una iglesia o un hogar.*
*Lo más importante es que **cada día tenemos que escoger** cuál va a ser la actitud con la cual nos enfrentaremos a ese día".*

Punto No. 18
Nuestro trabajo

"Hacer lo que tú quieres es libertad.
Que te guste lo que haces es felicidad".
—Anónimo

La más noble tarea que como seres humanos nos corresponde hacer, es nuestro trabajo. El trabajo es el medio más eficaz de expresar el espíritu y de enriquecerlo. La vida de las personas carecería de color si no tuviera la noble misión del trabajo. La expresión creativa, el contacto con los otros, la capacidad de expandirse, la oportunidad de crecer, el intercambio de ideas, aprender valores, la tolerancia, las relaciones humanas, la contribución a la sociedad, la inserción en la vida. Solo a través del trabajo el ser humano puede tener la oportunidad de hacer uso de tantos recursos a la vez en un mismo lugar como lo es su área laboral. El trabajo es el medio más eficaz de expresar el espíritu y de enriquecerlo. Nuestro trabajo es una forma de hacernos, de edificar nuestra persona. Todo trabajo debería permitir a la persona expresar su personalidad, desarrollarla y enriquecerla.

El lugar de trabajo es el escenario donde nosotros, como actores, ponemos en escena todas nuestras potencialidades, somos artistas en cada área de la vida, ejecutando nuestra mejor obra; y, como en un gran teatro, cada puesta en escena es diferente, cada día trae una nueva oportunidad para expresar nuestros dones.

El trabajo no solo se circunscribe a ese lugar específico donde se labora, trabajo es toda acción que ejecutamos, aunque no necesariamente recibamos paga por ello. Visto así, todas las actividades del ser humano son trabajo, de allí la idea de que el mismo es una bendición. Así que es nuestro trabajo activar en cada acto que realizamos nuestros mayores dones; a la vez que tenemos la oportunidad de aprender muchas cosas, lo cual significa crecer.

Cuando el trabajo no se hace con el entusiasmo y la responsabilidad necesarios, este se va convirtiendo en la prisión para la persona en lugar del momento para ser libre y crecer.

Mucha gente pensará que el problema es el trabajo que realiza o las personas para las cuales trabaja o el ambiente laboral. En fin, el problema casi nunca es lo que creemos que es. El problema es que hemos perdido el entusiasmo y la alegría por lo que hacemos, entonces empezamos a tener conflictos de todo tipo en el medio donde nos desenvolvemos. No hay un trabajo más importante que otro, eso es una quimera, como lo es también una ilusión la creencia de que lo que pasa a nuestro alrededor es el problema. Nuestro trabajo es el reflejo de lo que somos, hacemos y pensamos. Quizás pensemos que el presidente de una empresa es más importante que la persona que limpia ahí, y puede ser cierto si hablamos de responsabilidades, pero eso es otra cosa. La responsabilidad de un trabajo no lo hace ser más importante, solo pide unas competencias mayores que deben tenerse para realizar el trabajo. Pero el acto de trabajar no es diferente, ambas personas son iguales a la hora de ejecutar su trabajo, ambas están haciendo lo mejor que pueden con sus competencias, con sus dones. Es así como nuestro trabajo es la mejor oportunidad y la mayor bendición que tenemos todos los días de expresarnos, de ser creativos, de explorar y conocer nuestras fronteras.

Bendigamos lo que hacemos, bendigamos a quien nos dio la oportunidad de realizar nuestro trabajo y hagámoslo siempre lo mejor que podamos, no para ser reconocidos, sino para realizarnos en plenitud, tal y como debe ser.

Sí, el trabajo es la más noble misión del ser humano y va de la mano con la vida, pues forma parte integral de ella. Esta nueva era en la que vivimos, parece llevar arraigada consigo los conceptos de: don-trabajo-amor-eficacia.

Nuestra generación creció con el empuje de estudiar una carrera para obtener un trabajo bien remunerado y así un nivel de vida cómodo. Con ese objetivo lo hicimos todos, nos orientamos en la misma dirección, pero con distintos resultados, a algunos le fue bien y a otros no, pues en este esquema poco se tomaba en cuenta el fundamental concepto del don. Quien formaliza y divulga mundialmente este concepto y lo lleva a la práctica con resultados asombrosos es Ken Robinson. Él sostiene la tesis de que todos nacemos con uno o más dones y que nuestro principal enfoque ha de ser descubrir lo antes posible cuál es nuestro don. Para esto las escuelas tradicionales deben dotarse de múltiples oportunidades de aprendizaje, por las cuales debemos pasar hasta descubrir en cuál de ellas nos sentimos bien y cuál logramos desarrollar con destreza y felicidad. Desde escultura, pintura, deportes, informática, etc., vivir estas experiencias y ampliar nuestro radio de acción más allá de las actividades curriculares, y así descubrir nuestro don. Al reconocerlo, debemos potenciarlo y trabajarlo desde temprana edad y llevar todas las demás actividades hacia nuestro punto de interés. Por ejemplo, si el don está en el fútbol, realizar un ensayo de castellano sobre el fútbol o hacer problemas de matemáticas que tengan que ver con este deporte, para así llevar el interés de la persona hacia una materia que no le interesa mucho, y hacerle, desde su pasión, comprender su utilidad. Al trabajar de este modo, no solo nos sentiremos como peces en el agua, sino que nuestro trabajo lo haremos con excelencia, ya que no se nos hará difícil pues nos descubrimos buenos para eso; y por lo demás, no sentiremos que estamos trabajando, porque el tiempo vuela cuando se le dedica a hacer lo que se ama y con el aditivo de que es seguro que lo haremos bien ya que para eso nacimos. Así lo expresa J. Conrad: "No me gusta el trabajo, a nadie le gusta, pero lo que me encanta del trabajo es la oportunidad de descubrir quiénes somos, cuál es nuestra realidad personal, quiénes somos profundamente y no externamente".

Este concepto por lo demás es totalmente incluyente, ya que todos los tipos de trabajo se toman en cuenta. Por ejemplo, al que le guste hacer pan, que se enfoque en eso y logre ser el mejor panadero, al que le guste el deporte, que trabaje en su disciplina desde temprana edad para lograr la excelencia. Así, dejemos atrás viejos paradigmas de materias obligatorias y tomemos los que sean de provecho para nuestro don, orientando el interés en lo que nos interesa para que así logremos comprender su utilidad. Spokes dice: "Una de las mayores fuentes de energía, es el orgullo que sientes por lo que haces". Para sentir orgullo del trabajo, debemos amarlo. Richard Bach lo expresa así: "Mientras más quieres que algo se logre, menos lo llamas trabajo". Así es como opinamos que se debería internalizar y vivir el concepto de trabajo. Jonas Salk así lo propone: "El premio de haber hecho un buen trabajo, es la oportunidad de poder hacer más".

Este libro busca despertar conciencias hacia la capacidad que todos tenemos de hacer un buen trabajo en nuestras vidas, al entender lo sencillo que es tender una mano, regalar una sonrisa, o prestar apoyo. Para ello, simplemente hay que estar abiertos a no dejar pasar ninguna oportunidad en nuestra vida cotidiana de ayudar incondicionalmente a otras personas, y vivir así nuestros Momentos Santos; convirtiéndonos en agentes multiplicadores de este concepto, para que más allá de un ejercicio gratificante, este se convierta en nuestro principal trabajo y **misión de vida**. Se trata de llevar a cabo una labor incansable de estructuración de conciencias con el fin de lograr un mundo mejor, más amable, más amigable, más humano, más incluyente, en el cual todos nos reconozcamos valiosos en nuestra individualidad, nos ayudemos y respetemos, para así tener un ambiente más placentero para todos en el cual vivir. En cierto modo, es como desintoxicarnos, deshacernos de elementos dañinos, como lo puede ser el juicio, y remplazarlos por vitaminas de amor para nutrirnos a nosotros y a los demás, haciéndonos más fuertes y sanos, y colaborando unos con otros. Como lo expresa Elbert Hubbard: "Trabajamos para ser, no para adquirir".

Marianne Williamson abraza este concepto al decir: "En toda comunidad hay trabajo que hacer. En toda nación hay heridas que sanar. En todo corazón está el poder de hacerlo".

Las dos citas anteriores expresan en forma estupenda lo que se busca hacer con este libro. Pues todo trabajo que ayude a los demás, es beneficioso para nosotros y nos hace crecer y convertirnos en mejores personas. Como lo dice este lindo proverbio irlandés: "El trabajo alaba al hombre". A su vez, los monjes benedictinos dicen: "Trabajar es rezar". Y para finalizar, nos gustaría llevar el sentido del trabajo a esta última reflexión: El error más grande que podemos cometer, es pensar que trabajamos para alguien. Todo trabajo es alimento y crecimiento personal.

Así nos lo contaron...

Ya vimos que el trabajo es una parte importante de nuestra vida, pero si lo hacemos con sentido y propósito de servicio y amor, cambiamos no solo la dimensión de este, sino la vida de otras personas que tenemos cerca.

"Sucedió hace ya algunos años, que me tocó la buena suerte de trabajar al lado de un médico, que en el ejercicio de su profesión demostraba no solo el conocimiento de las técnicas y procedimientos propios de su especialidad, sino el amor hacia la profesión que había escogido. La calidad humana y la sensibilidad que él tenía para con sus pacientes, me enseñó que lo que hace valioso a un profesional no son los resultados materiales que pueda obtener, sino el valor que agrega cuando se hace solo con la buena voluntad del servicio al otro. Y qué mejor persona para experimentar ese mandato que un médico.

Su labor era dura, pues trabajaba con pacientes que padecían de enfermedades incurables o por lo menos con pronósticos reservados. En fin, eran pacientes que requerían no solo de tratamientos agresivos, sino que además estaba toda la parte emocional que conllevan muchos de los procedimientos.

Cada vez que había que dar un diagnóstico, el doctor Perez llamaba a la persona a su consultorio y con la bondad más grande que se pueden imaginar iba dando la noticia, buscaba cada palabra adecuada, la escogía con mucho cuidado, para informar al paciente de su condición, pero al mismo tiempo parecía decir con todo su cuerpo: 'Yo te amo y te acepto con tu condición y si hay que preocuparse déjame ayudarte'.

Este doctor tomaba de la mano a sus pacientes, los miraba a los ojos, y poco a poco les iba explicando lo que les pasaba y lo que vendría después, se tomaba el tiempo necesario para dejar que asimilaran lo que les iba diciendo, los abrazaba y también lloraba con ellos cuando era necesario. Pero a la vez su presencia les daba fuerza, confianza y una atmósfera de infinita bondad y amor inundaba la habitación.

Pude observar a este maravilloso ser humano realizando esta labor muchas veces, parte de mi trabajo como voluntaria era hacer lo que él hacía: consolar y dar apoyo; pero él era un maestro del amor y lo hacía infinitamente mejor que todas las voluntarias juntas. Aprendí mucho del amor, el servicio y la compasión trabajando a su lado y por eso pienso que él era un maestro del Momento Santo".

Punto No. 19
Omite los juicios

"Nada de lo que existe aquí en la Tierra es profano
para quienes saben ver.
Por el contrario, todo es sagrado".
—Pierre Telhard de Chardin

"No es cierto que mientras más pensamos menos
sentimos, pero sí es cierto que
mientras más juzgamos, menos amamos".
—Chamfort

Cuando se habla de juicio siempre pensamos en términos de evaluar algo, de emitir una especie de sentencia sobre un hecho o sobre una persona. El juicio siempre conlleva separación, buscar lo que nos hace diferentes del otro. En la mayoría de los casos, el juicio es solo el inicio de una serie de actos que se hacen para luego rechazar a la persona o la circunstancia. En otros casos vemos cómo el juicio se usa para atacar aquello que no podemos comprender, ya que no vemos la totalidad y juzgamos falsamente. Eso es lo que por lo general sucede, pues es virtualmente imposible conocer todas las cosas o variables que hacen que una persona actúe de una determinada manera. Entonces, la persona que está viendo, emite una opinión que está basada en sus propias creencias, es decir, en el bagaje de información que la persona que juzga posee. Por esto, cuando emitimos un juicio nos estamos proyectando en el otro, hablamos por nosotros mismos.

Cuanto más fuerte una persona defiende un juicio, más va cerrando su capacidad de aceptar y estar abierta a otras posibilidades, a otras formas de pensar y de ver el mundo. En la medida en que juzgamos, tratamos con nuestro juicio de destruir el punto de vista del otro, lo atacamos y esperamos que con nuestro planteamiento la otra persona quede de alguna manera minimizada. Pero, como ya vimos, es difícil hablar sobre algo distinto a la propia experiencia. Entonces a quien realmente atacamos es a nosotros mismos, es algo que hay en nosotros que no queremos reconocer, que lo tenemos y lo atacamos en otros. Proyectamos nuestra condena a nosotros mismos. Todos los juicios son contra nosotros mismos, es nuestro propio estado reflejado afuera.

Todo juicio es devastador, la consecuencia siempre es dañina, perniciosa y los daños que se pueden hacer a una persona que se ha juzgado, pueden ser a veces motivo para poner a la persona en peligro de perder su vida o su reputación. Un juicio puede dañar a una persona para siempre.

Hoy en día existen muchas formas sutiles y no tan sutiles de hacer sentir a una persona separada y diferente por medio del juicio, pues como postulábamos con anterioridad: un juicio siempre es una forma de ataque. Se ha popularizado mucho entre los jóvenes criticar, juzgar, separar a un compañero, de tal forma que lo llevan a la desesperación total, y en muchos casos lamentables y extremos: hasta quitarse la vida. La costumbre de hacer sentir mal a otro porque lo percibimos diferente, ha traído mucho dolor y hasta guerras entre países o incluso dentro de una misma nación.

El juicio nunca será algo positivo, por ello no existe tal cosa como buen juicio. ¿Buen juicio para quién? Lo que es bueno para alguno de nosotros, puede no ser bueno para otros. En ciertas sociedades, el hecho de que una mujer tuviera varios hombres era totalmente aceptable y deseable para el desarrollo de la comunidad. Así, este caso nos podría reflejar que lo que es positivo para algunas personas no lo es para otras, pues para la mayoría de las sociedades occidentales tal conducta será completamente inaceptable y duramente enjuiciada, incluso penalizada. Sin embargo, este hecho es algo totalmente aceptado para otras culturas. Es por ello que es un engaño decir que estamos emitiendo un juicio justo o positivo, lo que estamos haciendo es evaluando las cosas en función de nuestro propio punto de vista o del basamento cultural del lugar en el que vivimos o donde nos criamos.

Los seres humanos somos diferentes, tenemos muchas cosas que nos hacen únicos, diversos. Es difícil entonces demandar que las personas seamos iguales. Lo que generalmente hacemos es movernos en una especie de escala de valores. Imaginen que nos movemos entre el frío y el calor, hay infinidad de grados entre ambos extremos, podríamos colocarnos en el medio y estaríamos en un punto cero donde no hay ni frío ni calor, una especie de vacío; o podemos movernos de un extremo a otro y mientras nos polarizamos hacia un lado especifico, más duros somos y menos abiertos estamos a dejar de emitir juicios sobre los otros. A mayor polarización mayor desequilibrio y la persona se va haciendo dogmática, solo cree y juzga en función de su ideología. La persona que no es como nosotros se convierte en una amenaza y por lo tanto hay que enfrentarla, pero cuando lo hacemos, solo estamos viendo nuestra propia capacidad de ser una amenaza para la vida con nuestras ideas radicales. Así es como el hombre va sosteniendo sus creencias y forma grupos radicales que por ejemplo dicen: "Apoyo la vida y levanto mis banderas. Quiero que las personas que cometen abortos vayan a la cárcel". Otros dirán: "Amo a mi prójimo, pero he matado en el fuego de la hoguera al que no ama lo mismo que yo". O pudiera decir: "Quiero paz, pero hago la guerra para que haya paz". ¿Se dan cuenta cuántas veces hemos pensado que tenemos la razón y luego vemos que fue un error? Los juicios no muestran sabiduría, la renuncia a todo juicio sí. De los juicios se deriva toda soledad y sensación de pérdida, el paso del tiempo y el creciente desaliento, la desesperación enfermiza y el miedo a la muerte.

Es necesario entonces abandonar todo juicio. Ni Jesús se atrevió a juzgar, ¿cómo entonces podemos hacerlo nosotros? Romper con esta costumbre no es fácil, pero en tanto entendamos que no hay nada malo en el otro, que él tiene el derecho a expresarse como lo que es, que es solo nuestro espejo y que por lo tanto tenemos que aceptar en nosotros todo lo que somos y reconocer de una vez por todas que Dios nos hizo como somos, a nosotros y también a los otros, con un propósito. Él no nos creó para luego renegar o juzgar la forma como éramos. Siempre tiene el perdón en su corazón para cada cosa que nosotros hagamos, porque Él no nos está juzgando nunca, somos nosotros quienes lo creemos así y lo igualamos a nosotros, en este caso también lo juzgamos a Él. Esto trae mucha culpa y mucho temor al final, pues sabemos que hemos juzgado a alguien que es perfecto, solo que lo hemos desconocido como es y a nosotros mismos, al pensar que podíamos juzgarlo sin quedar por ello nosotros también bastante afectados.

No permitamos que esta antigua costumbre nos aleje de lo que es realmente importante en todas las personas, *el propio Ser*.

Los juicios son constantes barreras prefabricadas por nuestra experiencia personal que arrojamos hacia los demás. Por ende, no nos permiten ni ver ni analizar clara y objetivamente una situación determinada ya que vendrá influenciada por nuestra percepción personal, la cual se nutre de nuestra experiencia vivida.

Por lo demás, lo que juzgamos tajantemente en los demás, son quizás nuestros propios defectos y carencias. Así lo expresa este dicho anónimo: "Cuando un hombre señala a alguien más, debería recordar que sus otros tres dedos apuntan hacia él". De hecho, al juzgar *a priori*, estamos limitando nuestra oportunidad de conocer al otro, pues lo encerramos en nuestras propias ideas y lo metemos en una casilla que quizás no sea la adecuada.

Incluso, no es posible juzgar ni siquiera por lo que se ve. Muchas veces lo que se ve, no es la realidad sino lo que elegimos ver, por conveniencia propia. Hay un viejo dicho que dice que no se juzga a un libro por su portada. Quizás esta no sea llamativa, pero el contenido sea extraordinario y/o viceversa. Otro ejemplo es la sal y el azúcar. Se ven iguales, pero son totalmente diferentes. Hay que primero conocer. Malcolm Hein dice: "Queda muy poco espacio para la sabiduría cuando estamos llenos de juicio".

Lamentablemente el juicio nos empaña la visión y nos aleja de la realidad. Recientemente se hizo un experimento interesante en el que se vistió a una niña, primero con ropa de clase media y luego con ropa de mendigo. Se la dejó en un restaurante, bien vestida, y todos los comensales se interesaban por ella, pensaban que estaba perdida e intentaban muy gentilmente ayudarla. Sin embargo, cuando fue vestida de mendiga y llegó al mismo restaurante, recibió un rechazo rotundo de las personas. Ya nadie se interesaba en ella, pensaban que venía a robarles o a pedir limosna o simplemente les incomodaba su presencia y pedían al personal del local que la sacara del lugar. La segunda fase del experimento fue tan difícil, que la niña no lo pudo continuar y salió llorando y desconcertada del lugar. ¡Vaya descripción de lo que es emitir juicios!

Bien lo decía Molière: "¡Dios mío! La mayoría de las veces la apariencia engaña. No se debe juzgar siempre basado en lo que se ve".

De hecho, el juicio que emitimos, no solo nos aleja del otro, sino que no nos permite conocerlo. En palabras de la Madre Teresa: "Si juzgas a las personas, no tienes tiempo de amarlas".

Por ello, en vez de juzgar, vayamos un paso más adelante del juicio, hasta llegar al conocimiento, el cual nos llevará al final del camino que es la aceptación. Aceptación del otro desde nuestras similitudes y diferencias y libres de juicios, solo así conoceremos la verdad. Como lo dice Federico Fellini: "Acéptame tal y como soy, solo así podremos descubrirnos el uno al otro".

Ese es el camino del despertar que debemos transitar para poder vivir nuestros Momentos Santos.

Así nos lo contaron…

"Mis Momentos Santos debo decir que son muchos, gracias a Dios, pero voy a contar el caso que me gusta mucho de un muchacho joven, que bien podría ser un hijo.

Como vivo en un país donde hace mucho frío, siempre estoy preparada con un abrigo extra que mantengo en la maletera del carro por si ocurre algo, o alguien lo necesita, así que siempre tengo chaquetas, guantes y gorros por si acaso.

Pues sucedió un día que iba a mi trabajo y estaba haciendo un día muy claro y bello, pero muy frío, mientras más despejados los días, parece que más frío hace. El cuento es que yo voy manejando, cuando veo un muchacho de unos dieciocho años, o quizás más, parado esperando el autobús sin chaqueta. Se veía que lo estaba pasando muy mal, estaba tiritando de frío. Yo me detuve junto a la parada del autobús y le ofrecí la chaqueta que tenía en el maletero. Al momento él estaba confundido y creyó que le estaba ofreciendo algo a cambio de otra cosa, la verdad fue un momento de confusión pues él me juzgó mal, pero luego se alegró mucho y me agradeció efusivamente que le hubiera dado la chaqueta. Estaba muy emocionado y agradecido. Yo creo que estos momentos son los que ustedes llaman Momentos Santos, en verdad no se sabe quién se siente mejor, si el que da o el que recibe. Y de paso recomiendo cargar siempre una chaqueta de repuesto, el clima es muy duro y siempre puede haber alguien por allí que la necesite".

Punto No. 20
El dinero

*"Mientras tengas esta realidad, cuida la energía que te
permite vivir y lograr tus sueños de expansión".*
—Anónimo

El hombre es un ser ideado para vivir en comunidad, es gregario y necesita por lo tanto estar en interacción con sus semejantes. Cómo se agrupan y cómo se crean los lazos de interacción en cada grupo o sociedad cambia de acuerdo con el país o región y de acuerdo al período de la vida del ser humano.

Las sociedades han cambiado con el transcurrir de la historia. En un principio los grupos o sociedades de hombres estaban formados por pequeñas comunidades y su forma de organización social y económica era bastante simple. El trabajo era colectivo, la propiedad era comunal y la distribución nivelada. Así que lo que se tenía no pertenecía a nadie, todos tomaban lo necesario, cada miembro a su vez tenía una labor y la cumplía como su aporte, había la necesidad de lograr conjuntamente los medios de subsistencia. A medida que los grupos fueron creciendo, se establecieron en lugares, mejoraron sus sistemas de producción y empezaron a intercambiar productos con otras comunidades cercanas a ellos. De esta forma nació la primera noción de intercambio de bienes en la sociedad. Luego, el hombre fue evolucionando en todos los aspectos hasta que apareció la moneda y se comenzó a usar como una forma de intercambio.

El dinero ha sido desde entonces parte importante de la evolución del hombre, es un medio para obtener lo que necesita y mejorar su vida. Entonces, en lo que respecta al mundo material en el cual vivimos, el dinero ha sido necesario, para tener ropa para cubrirnos de la intemperie, utensilios que nos facilitan las actividades diarias y así todas las cosas materiales de las que nos valemos para la vida. El dinero tiene una utilidad de intercambio, basado en la entrega de un bien (comida, ropa, servicios) por el valor de este en monedas.

Entonces, el dinero es el medio que tenemos para adquirir lo que necesitamos en la vida y a través de él podemos tener acceso a todo aquello que nos ayuda a mejorar y asegurarnos bienestar físico y espiritual. La forma en que se obtiene el dinero está relacionada con las creencias que se tiene del mismo. Para algunos, la riqueza no es importante; para otros, es el único motivo de la vida. Para la gran mayoría, es casi como un pecado tener dinero. Esta creencia deriva de enraizadas afirmaciones religiosas en donde se dice que el dinero es malo o dificulta la santidad. Pero el dinero necesita ser visto como lo que es: una frecuencia de energía, como lo es todo lo que existe. El dinero está aquí, en este mundo, y por lo tanto tenemos el derecho a disfrutar de su uso, tenemos derecho de ser tan prósperos como queramos ser. La abundancia, como la felicidad, están entre nosotros; y la pobreza, junto a la tristeza, están en el lado opuesto. La vida no es pobre, ni mucho menos infeliz, entonces ¿por qué nos empeñamos en ver lo que no es verdad?

La realidad es entonces que, siendo una frecuencia de energía, la forma en que nosotros nos relacionamos con ella determina en gran medida los resultados que tendremos cuando nos relacionemos con el dinero. Somos abundantes por herencia, la vida es pura abundancia, tenemos derecho a disfrutar del dinero como una parte de la manifestación de la abundancia. El dinero es solo una de las formas de su manifestación.

El hombre quiere evolucionar, quiere expansión, el dinero le permite hacerse de los medios a través de los cuales él puede adquirir lo que necesita para esa evolución. Por ejemplo, en la medida en que dispongamos del dinero necesario, tendremos acceso a poder experimentar más cosas, tales como estudiar en los mejores centros, conocer otras culturas, tener acceso a la última tecnología, en fin, el dinero nos permite llegar a obtener mayor preparación que de otra manera sería imposible. El hombre necesita desarrollarse en cuerpo, alma y mente, y el tener recursos le permite hacerlo. En esta sociedad que ha avanzado considerablemente desde esos primeros días del trueque, el dinero se ha constituido en un medio para llegar al lugar deseado, de la misma forma que el automóvil y el avión nos permiten llegar más lejos.

Ahora bien, esto es hablando netamente en el plano material, pero es solo a través de esta experiencia material que podemos evolucionar. Es por ello que la clave del dinero no es qué hacemos con el dinero, sino cómo nos relacionamos con él y el lugar que le damos en esa experiencia material. El dinero llega desde muy variadas fuentes; sin embargo, la más común y deseable es a través del trabajo; ya hemos visto que el trabajo es una bendición y esta bendición se materializa cuando recibimos el pago por el tiempo y esfuerzo que hemos puesto en una actividad. Entonces nuestra actitud debería ser bendecir primero la fuente de nuestro dinero; y segundo, dejar que esa corriente de dinero entre y salga de nuestra vida para generar abundancia que luego volverá a nosotros en forma de mayor abundancia. Lo vimos en el aspecto de la generosidad: entregar para que se multiplique. Por lo tanto, el dinero tiene que salir de nuestras manos para propósitos que extiendan la vida, que ayuden a crecer y evolucionar. Cuando el dinero solo es usado para gratificación de nuestras necesidades, reales o no, cuando solo lo vemos como algo que necesitamos para nosotros en forma desesperada, es cuando este se vuelve nuestra única meta y propósito, cuando lo atesoramos y tememos perderlo, en ese momento estamos olvidando qué es el dinero y cuál es su función. No retenemos el aire por temor a no tener suficiente para más tarde o lo dosificamos para no gastarlo, lo usamos y lo soltamos a la vida como nos lo es dado. El aire está allí para ser usado y mantener la vida, de la misma manera que todo lo que tenemos debe ser usado y luego dejarlo ir para obtener más. No somos dueños de nada, somos administradores de este hermoso mundo, olvidarnos de esto y controlar lo que tenemos o temer que nos falte algo es lo único que nos limita. De esta manera, hemos olvidado qué somos y la verdadera función del dinero en nuestro mundo.

El derecho del hombre en la vida es hacer uso de todo lo que hay en ella para su propia evolución y la de sus hermanos. No es posible evolucionar uno solo, debemos hacerlo todos juntos. Por ello usemos el dinero como una bendición para ayudarnos a enriquecer nuestra alma, cuerpo y mente y la de los otros seres humanos.

El dinero es muy necesario para la supervivencia y es un gran aliado si se utiliza adecuadamente, como dice Alexandre Dumas: "El dinero es un buen sirviente y un mal amo".

Debemos valorarlo, utilizarlo para nuestro cuidado personal y el de los nuestros, pero jamás podemos perder la justa proporción de su valor necesario. Hay que enmarcarlo y procurar que su necesidad no sobrepase los parámetros de lo esencial. Cuando nos cegamos por el dinero, entramos en una dimensión vacía y carente de valores, en la cual vale todo y acabamos perdidos en él y por él. El dinero, así como el poder, deben ser empleados con conciencia para el bienestar personal y colectivo.

En esta profunda intención de generar conciencia en cuanto a nuestro inmenso poder de ser agentes de cambio y generadores de Momentos Santos infinitos, es vital ubicar el dinero en su justo lugar: una herramienta muy útil para lograr hacer el bien, ya que para ejecutar muchas buenas acciones el dinero es necesario para cumplir sueños, objetivos, necesidades.

Pero al final, e irónicamente, el desapego a lo material es lo que nos hace verdaderamente libres. Henry David Thoreau nos regala este extraordinario pensamiento: "Un hombre es rico en proporción a las cosas que no necesita".

Así nos lo contaron...
"Esto sucedió hace ya dos años, la verdad no sé si este sea un buen testimonio, porque habla de necesidades económicas, pero para mi esposo y para mí esto fue un acto muy importante.

Estábamos trabajando duro para salir adelante, no es fácil llegar y empezar de cero en un país donde nada es igual al lugar de donde uno viene.

Mi esposo es un hombre muy trabajador y ya tenía unos meses laborando en una empresa donde, poco a poco, con su esfuerzo y responsabilidad, se había ido ganando el respeto de su jefe. Como les digo: no es porque sea mi esposo, pero él es un hombre muy bueno.

Yo quería estudiar algo diferente, algo que me permitiera empezar y hacerme de una carrera nueva aquí. Entonces estuve averiguando, pero no era fácil, necesitaba dinero, el cual no teníamos en ese momento.

Se dio un día la casualidad de que mi esposo y su jefe coincidieron en un rato de ocio y él le preguntó acerca de nosotros, quiso saber sobre mí y los muchachos. Mi esposo le contó acerca de mis planes y lo difícil que era poder realizarlos sin dinero, después hablaron sobre nuestros hijos y lo complicado que resulta con los hijos estar en esta posición. En fin, hablaron de muchas cosas, y así terminó el descanso y mi esposo se fue de nuevo a trabajar.

Al día siguiente, me cuenta mi esposo que su jefe lo llamó y le dijo que nos iba a ayudar, que le daría un préstamo para pagar mis estudios y que no tendría que pagarle hasta tanto yo tuviera un buen trabajo y además que podría pagarlo poco a poco y sin los intereses que cobran los bancos. Mi esposo no sabía realmente qué decir o hacer, era tan abrumador que su jefe confiara en él de esa manera y además desprenderse de un dinero que no sabía si lo iba a recuperar o no, ya que no era un monto pequeño. Todo esto nos dio mucha alegría y felicidad.

Reconozco esto como una muestra de un Momento Santo. ¡Gracias a Dios, fue como un milagro!

Eso, para mí, ha sido uno de los más maravillosos Momentos Santos que he tenido, hoy día estoy terminando mis estudios y espero poder empezar a retribuirle a ese bondadoso señor toda su generosidad y confianza".

Punto No. 21
Modelos a imitar

"Solo uno mismo puede encontrar su Yo más brillante".
—Marianne W.

"Soy mi propio libro.
Me reescribo, me subrayo,
me agrego páginas,
me arranco otras que duelen.
Y dejo en blanco una última hoja siempre".
—Anónimo

"El mejor modelo soy yo", esto que pareciera ser una afirmación un poco egoísta y arrogante, es una invitación a encontrar nuestro auténtico Yo. Hemos experimentado a lo largo de nuestra vida la imposibilidad de ser igual o parecido a alguien, en algún momento hemos querido ser igual que un modelo, ese referente, esos personajes que admiramos y nos gustaría mucho ser como ellos. Tratamos vanamente de ser alguien, pero no sabemos cómo, muchos piensan incluso que las personas no los entienden y les cuesta encajar en los grupos.

Dolorosamente, ante esta realidad, muchos van perdiendo su verdadero ser y van adaptándose a otros con la única necesidad de ser aceptados o reconocidos por el grupo o la sociedad. Entonces, ¿cómo podemos hacer para que lo que nosotros somos se pueda expresar de la manera más brillante y luminosa?

Todos tenemos un precioso regalo para dar a la vida. Solo uno mismo puede encontrar su Yo más brillante, solo cada uno de nosotros puede amarse y aceptarse de la manera más plena, pero primero debemos saber quiénes somos de manera individual. Uno solo ama lo que conoce, entonces volvamos la mirada hacia nosotros mismos, en la búsqueda de lo que somos, en el conocimiento de nuestra verdadera esencia. La referencia que necesitamos está contenida en la mejor imagen que podemos encontrar de nosotros, justo allí dentro de nosotros, todo lo que necesitamos está contenido en nosotros y esperando ser cultivado como una preciosa semilla, allí se esconde nuestro verdadero ser a la espera de una tierra fértil y el riego amable y amoroso del andar. Es momento de trabajar la tierra, seamos los campesinos amables que con paciencia y dedicación van trabajando su cultivo. No nos dejemos engañar por lo que nuestra mente dice. Hagamos silencio, ya que solo en el silencio nos hallaremos, y que ese silencio sea el compañero fiel en la aventura de encontrar el molde inicial de nuestra creación. Las instrucciones para la vida ya vienen impresas en nuestro Ser, tomemos la mano del silencio y dejemos que nos lleve por los caminos del despertar, la paciencia y la confianza.

Cada uno de nosotros es un espejo fiel del infinito amor que nos creó, estamos llenos de propósitos. Sin embargo, de alguna forma hemos perdido el rumbo. Entonces es por eso que necesitamos encontrar un modelo a seguir. En algún momento, al cual llamamos separación, o pecado original, caída, en fin, de muchas formas, perdimos el rumbo, olvidamos qué somos y cómo expresar eso que somos en la vida. Entonces, nacieron los modelos, su propósito es que podamos ver afuera lo que ya somos en nuestro interior; pero no lo podemos ver cuando solo manifestamos en el exterior. Estos modelos van a ayudar a poner nuestros pies sobre el camino otra vez. Creemos firmemente que la verdad de lo que somos no tiene un sendero marcado. Los modelos están allí para que veamos qué podemos hacer nosotros también.

Un modelo siempre ha de tener condiciones excepcionales que animen y alienten nuestras propias ideas, nuestras maravillosas potencialidades. Busquemos inicialmente parecernos a ellos y en el camino permitamos el florecimiento de nuestro verdadero ser. El modelo es solo un punto de referencia desde donde podemos empezar nuestro camino de regreso.

Una vez encontrado nuestro camino no dudemos nunca, confiemos en lo que dice nuestro interior, allí está la fuerza que dirige nuestras vidas, solo él sabe lo que es bueno para cada uno de nosotros. Se puede copiar la forma, pero el contenido lo ponemos cada uno. Así, el original de cada uno se mostrará en toda su belleza cuando aprendamos a través de los mejores modelos. Extendamos nuestras alas, volemos tan alto como cada uno de nosotros lo desee.

Así nos lo contaron...

"Este es mi Momento Santo: Un día regresaba de mi trabajo en Brampton, y había una temperatura de esas terribles, como las que se dan por aquí, realmente el día era muy, muy frío. A lo lejos divisé a una señora y una niña, en la parada del autobús de Hurontario y Steeles y a mí me dio una cosa que fue como que movió algo en mi corazón. Era una niña como de unos siete años y la señora debía ser su mamá, las dos estaban como brincando por el frío, esperando el autobús y me dije: *No sé si me va a entender, pues mi inglés no es muy bueno, pero igual voy a parar y preguntarles hacia dónde van.* La señora, a quien parecía que tampoco le iba muy bien con el idioma, le preguntó a la niña: '¿Qué dice la señora?, ¿qué dice?'. Y me dio mucho gusto pues hablaba mi mismo idioma. Entonces les dije: 'Suban, súbanse'. Luego les pregunté, hacia dónde iban y la señora no paraba de decir: '¡Ay Dios mío, a esta señora la mandó Dios!' Y se puso a llorar. Yo le dije: 'Tranquila que no pasa nada'. A lo que solo dijo: 'Mire, es que estoy muy agradecida'. Entonces le volví a preguntar para dónde iban y me dijo para Square One. Y exclamé: '¡Oh, mi Dios, yo vivo por allí!' ...y aunque así no fuera, igual las hubiera llevado. La señora estaba muy agradecida y a mí me dio mucha emoción poder ayudar en ese momento".

CAPÍTULO 5
ACCIÓN

"Cuando haces las cosas desde tu alma, sientes un río moviéndose dentro de ti, una alegría. Cuando la acción viene de otro lugar, el sentimiento desaparece".
—Rumi

La vida misma es acción, no podría haber evolución si no estuviera involucrada la acción, este proceso está tan conectado a la vida que aun lo que parece en reposo está en movimiento, está en acción. Esto es porque toda materia vibra a una determinada frecuencia en el universo.

De la acción siempre derivan los cambios que necesitamos para obtener lo que queremos. Así, este proceso puede ser consciente, es decir lo planificamos y nos movemos con un propósito determinado o puede ser totalmente inconsciente, como el desarrollo de un feto, o de toda la vida. No tenemos idea de dónde se origina esa fuerza que lo mueve y lo impulsa a desarrollarse con perfecta sincronicidad en tiempo y forma, pero lo hace.

Podemos ver entonces cómo la acción es la fuerza que nutre, crea y cohesiona este universo, promueve con su presencia una cadena de acciones que se derraman como una cascada de energía que no son más que códigos de información que ordenan y guían todo el movimiento. Somos la acción misma y a la vez el efecto de la acción de otra acción, así se va creando un maravilloso fractal de eventos que constituyen la vida.

Punto No. 22
Caminar hacia adelante

"A medida que comienzas a andar fuera del camino, el camino aparece".
—Rumi

Este título pareciera redundante, dado que siempre vamos caminando hacia delante. Incluso, si observamos, vamos siempre conectados a la tierra, cuando un pie se levanta el otro se mantiene allí, en la tierra, ayudando a sostenernos, mientras el otro pie avanza. No caminamos alzando los dos pies a la vez o arrastrando los dos pies, (aunque a veces sí). Esto no es casual, nada es casual, nada de Dios lo es, estar viviendo esta experiencia terrena requiere de balance y equilibrio e incluso requiere de cierto ritmo. A veces avanzamos rápidamente, los pasos se hacen largos y rápidos, en otras oportunidades los pasos los hacemos lentamente, no hay prisa, solo disfrutamos del camino, y en otros vamos tan rápido que corremos el riesgo de caernos. Caminar es entonces una metáfora de la vida. Depende de la urgencia, o no, si la vida nos pesa o es una oportunidad para disfrutar el viaje. Observemos cómo vamos caminando por la vida.

Si bien cuando caminamos un pie queda en tierra, mientras el otro avanza, el que da el verdadero impulso es aquel que se desprendió de todo, el que decidió avanzar, sin miedo a caer, y confía en que será sostenido. Igual podríamos verlo cuando decidimos hacer un cambio en nuestra vida, cambio que siempre será positivo, aunque las circunstancias que lo rodeen no lo parezcan. Cuando el pie está en el aire, confía, hay certeza en ese pie que no toca la tierra, es nuestro espíritu el que nos mueve, el que queda en la tierra es la personalidad, y esta, cuando se deja llevar por la fuerza del espíritu, al paso del alma, su movimiento siempre será hacia delante y ascendente.

Todo en la vida, y el hombre como la máxima expresión de la vida, evoluciona y avanza mediante su acción e intercambio con todo lo que existe. Cada paso es un movimiento ascensional en la escalera de caracol de la evolución. El hombre siempre estará en acción aun en reposo, la materia de la que está hecho vibra y jamás se detiene. Es quizás en el reposo cuando más puede avanzar. El pie que está en el aire lleva todo el impulso de la vida para avanzar. Caminemos pues con un propósito claro, con una actitud alegre para experimentar la vida siempre desde ese momento presente. Camina hacia delante siempre.

"Aprendemos a caminar, tropezando", dice Mark Twain. Sin embargo, al caminar caemos o tropezamos, y es justo allí, cuando la magia ocurre. Son esos tropiezos los que nos aportan aprendizaje y a su vez la voluntad necesaria para levantarnos de nuevo y seguir andando hacia el camino de los Momentos Santos, en el cual todos nos ayudemos a avanzar, cada quien a su ritmo, respetando nuestras diferencias y a la vez impulsando al otro a convertirse en la mejor versión de sí mismo.

Punto No. 23
Crecimiento personal

"El hombre está destinado a evolucionar, esta es su única misión".
—Anónimo

El hombre está destinado a evolucionar, esta es su única misión. El hombre siempre medra. Desde que nace vemos cómo todo lo que le acontece está definido para ayudarlo a crecer, cuando siendo un pequeño bebé logra avanzar por diferentes etapas del crecimiento y así va desarrollando su genética. El alimento, los buenos cuidados y el ejercicio, son factores decisivos para este proceso durante el cual depende de otras personas, fundamentalmente de sus padres, cuidadores, etc. Estas son condiciones necesarias para que la vida de un ser se pueda desarrollar. Sin embargo, el hombre como toda vida que habita este planeta tiene una energía poderosa que lo lleva a avanzar, es un fuego interno. Así como el calor del sol incita a las plantas a extenderse y crecer para alcanzarlo, igual el hombre siente una llama en su corazón que lo impulsa a hacer cosas con una pasión inmensa por la vida y se convierte a sí mismo en un buscador, esto le da el alimento necesario que lo motiva a avanzar y alcanzar sueños. Sin esta fuerza inspiradora, la vida no existiría. Esta hermosa energía ha llevado al hombre a crear obras maestras en la literatura, la música, las artes, ha logrado avances admirables en las ciencias, ha puesto al hombre en el camino de alcanzar metas impensables que solo la pasión que las motivó lo hizo posible. El hombre es su mejor escultor.

Este crecimiento personal le compete, como su nombre lo dice, a la misma persona, solo ella es capaz de hacer todo lo necesario para ese desarrollo, nadie más lo puede hacer por ella. Esto nos lleva al ingrediente clave del proceso: la responsabilidad, esta palabra no es más que dar una respuesta a la situación que la persona vive en ese momento, hacerse cargo de algo; y en este caso, hacerse cargo de uno mismo.

Los temas que abarca el crecimiento personal son muy variados, el hombre busca crecer a través de sus metas, estas pueden ser: educativas, profesionales, laborales, familiares, sociales o espirituales; las búsquedas de estas realizaciones no tienen fecha de caducidad, terminan cuando se acaba la vida. A medida que una persona va logrando su desarrollo en las áreas que más le atraen, vemos que la persona se hace más positiva para la sociedad a la cual pertenece, hay en esa persona una fuerza y poder que irradian y los hace referente en muchas oportunidades para los que vienen detrás. La acción de ella, debido a lo que ha logrado, constituye un gran aporte al grupo y sociedad a los que pertenece y será por consiguiente un agente positivo de cambio.

El trabajo en el desarrollo personal es duro y no se puede renunciar en el camino, debemos poner todo el corazón para adquirir las destrezas necesarias que nos van a permitir alcanzar los sueños. El conocimiento que permite crecer intelectualmente es muy útil al hombre en este proceso, pero sin un conocimiento espiritual no se puede llegar muy lejos. Solo una persona con una sólida fortaleza espiritual asume por completo el reto de evolucionar responsablemente. Vale aclarar que cuando nos referimos a ser espiritual, no apuntamos a la idea de participar en religión alguna, sino que hablamos del conocimiento que los humanos tienen más allá de lo que pueden ver de sí mismos, del descubrimiento de esa energía a disposición de cada uno de nosotros desde el día en que nacemos, del origen de la vida que está dentro de nuestros corazones y que debemos cultivar tanto como la fe, la responsabilidad, la alegría y la paz que lo acompañan; y que en la medida que reconozcamos y honremos estas energías, nos conoceremos mejor y con mayor intimidad a nosotros mismos y los resultados de nuestros esfuerzos serán más fáciles de alcanzar y definitivamente positivos.

El crecimiento personal es un desarrollo continuo que los seres humanos experimentamos durante toda nuestra existencia. Pero no se trata de logros inmediatos sino más de un proceso cargado de cambios graduales que a su vez están compuestos de una serie de acciones que se van manteniendo con el tiempo y que permiten que las personas vayan aumentando sus conocimientos, potencial y habilidades. El crecimiento personal no estará completo sin un adecuado desarrollo emocional, biológico y espiritual.

Así nos lo contaron…

"Les cuento que yo he tenido muchos Momentos Santos, pero hay uno que me resulta muy querido, pues yo estaba muy joven y me ayudó mucho a ver la vida de otra manera.

Sucedió que yo estaba trabajando y parte de mi trabajo consistía en viajar, me tocaba ir por muchas ciudades ofreciendo mis productos: mercancía que traían de importación y yo ofrecía en distintos comercios del país. Así, para mí era normal estar viajando en la carretera. Pero un día como cualquier otro, o eso lo creí yo al principio, me detuve a comprar gasolina y cigarros. En el mismo lugar estaba un señor que me buscó conversación, hablamos un rato y luego yo me despedí, no sin antes ofrecerle mi tarjeta de trabajo, él me dio las gracias y me preguntó si yo podía llevarlo a donde se dirigía, pues no tenía auto y estaba esperando a su hijo, quien al parecer no iba a llegar. En ese tiempo los celulares no existían. Yo no tuve problema, a pesar de que me desviaba de mi camino considerablemente, pero algo me impulsó a llevarle.

Durante el trayecto el señor empezó a hablarme sobre su hijo, que tenía problemas de drogas, y me dio mucho dolor, pues sabía que este hombre hablaba esto conmigo porque tenía que contarle a alguien aquel problema que le aquejaba su vida. Yo lo escuché y lo único que se me ocurrió decirle fue que yo iba a orar por su hijo. No sé por qué lo dije, yo no soy un hombre de oraciones. En fin, llegamos al destino y nos despedimos muy cordialmente.

Al cabo de unos quince días recibí un gran pedido de mi mercancía, más de lo que yo podía manejar ya que se trataba de una cadena de tiendas. Mi sorpresa fue mayúscula, y como no estaba en capacidad de cumplir prontamente con el pedido, pedí reunirme con el gerente para ver cómo podíamos hacer. Cuando llegué a la cita, estaba un hombre joven esperándome, me atendió muy bien pero me dijo que tendría que esperar pues el dueño de la empresa quería hablar conmigo. Me quedé allí y al cabo de un rato entró el señor al que yo había llevado en mi auto unos días atrás… me sorprendí mucho, pues resultó que era el dueño de la cadena de tiendas y quería comprar mi mercancía. Él estaba muy agradecido pues yo le di la mano aquel día, sin saber quién era él lo había ayudado con todas mis posibilidades sin hacerle preguntas y él quería hacer lo mismo por mí. Fuimos amigos y socios muchos años. Hoy en día, él ya partió, pero me enseñó desde que yo era muy joven, que hacer el bien incrementa el bienestar en tu vida de la manera más inesperada".

Punto No. 24
Superar las adicciones

> *"Volví a sentir unas inmensas ganas de vivir,*
> *cuando descubrí que el sentido de mi vida*
> *era el que yo le quisiera dar ".*
> —Paulo Coelho

Cuando pensamos en las adicciones, generalmente pensamos en el uso de sustancias como el alcohol, drogas, medicamentos o cualquier elemento que nos lleva a estados alterados de la conciencia. Sin embargo, no es de este tipo de adicciones del que hablaremos particularmente, aunque podría ser que el origen de cualquier adicción sea siempre el mismo lugar, de acuerdo con nuestra visión: el pensamiento.

En nuestros pensamientos se originan todas las actividades del ser humano y a su vez pareciera que el pensamiento es el responsable de las emociones que experimentamos, aunque también una emoción fuerte puede desencadenar un torrente de pensamientos que alimentan la emoción que los originó. Entonces, emociones y pensamientos conviven en una unión que se sostiene y perpetúa en el tiempo haciendo que experimentemos las mismas situaciones una y otra vez. El resultado siempre es el mismo, estamos acostumbrados a esa sensación, aunque sea negativa, y pareciera que no podemos salir del círculo de pensar, sentir y revivir un mismo evento o circunstancia toda la vida. Así que se vuelve una conducta adictiva a algo o alguien, que proviene de mantener siempre una misma línea de pensamiento. Se trata de obtener el mismo resultado, experimentar lo que sentimos o vivimos en un determinado momento aun cuando, como vimos anteriormente, puede ser algo negativo o triste.

También cuando la situación fue agradable y feliz, se trata de repetir esa emoción y nos dejamos llevar por la historia que nos cuenta la mente, queremos volvernos a sentir como nos sentimos en aquel momento. Si prestamos atención veremos cómo las personas van contando sus historias una y otra vez, esperamos tener el momento para dejar salir nuestro cuento, y así vamos en el autobús o en cualquier otro lugar contando la historia, que generalmente es triste, pareciera que la nuestra fuera la más triste y queremos ser escuchados, casi le decimos a la otra persona: "Si crees que has sufrido, espera a que escuches mi historia", y cada vez le agregamos algo para así darle mayor intensidad. ¿Qué nos pasa? ¿Por qué necesitamos sentir y experimentar la misma emoción una y otra vez? ¿Cuál es la idea de repetir la historia de lo que nos ha ocurrido en la vida y que la persona que nos escuche se compadezca de nosotros o poder sentirnos otra vez miserables… o si el cuento es positivo, que nos admire?

Con estas conductas no vamos más allá de repetir las mismas situaciones en la vida, y luego una y otra vez, la muchacha que se enamora de un hombre con las mismas características del hombre malo del cuento y se queja de que siempre le llega el mismo tipo de hombre.

Esto nos hace dependientes de las emociones que nos generan los pensamientos y las historias mismas. El cerebro ya trazó su mapa, va por el mismo camino, genera las mismas sustancias que están relacionadas con la emoción. Entonces somos adictos a esa sustancia que genera el pensamiento. Cuando miramos la cadena de hechos que se generan con las conductas adictivas, nos damos cuenta de que al final siempre está presente un tipo de sustancia que es lo que nuestro cuerpo está pidiendo. Somos dependientes, somos adictos.

¿Y si queremos cambiar? Hemos visto a lo largo del libro que un milagro es cuando tenemos un cambio en la manera de pensar, es un acto simple, pero bastante difícil de lograr. El trabajo para recuperar la cordura y dejar de estar repitiendo en la vida lo que no queremos, es mover nuestro pensamiento de ese problema, conscientemente dejar de pensar en ello, no seguir contando la historia ya más; es pasado, dejémoslo allí, bueno o malo ya forma parte de nuestra vida, enfoquémonos mejor en lo que está sucediendo en este momento, quizás estamos atrayendo muchas cosas hermosas y no nos enteramos por estar mirando el pasado.

Los milagros ocurren a cada rato, solo que no los vemos, así que mejoremos nuestra novela de vida: seamos el milagro y cambiemos el pensamiento cuando este nos lleve a la misma historia. Empecemos a escribir otra historia como la queremos, con un final feliz.

Así nos lo contaron…

La historia de Rita es sencilla, pero nos deja un gran mensaje sobre cuando no queremos soltar un dolor y preferimos vivir con ese pesar antes de cambiar hacia mejores oportunidades.

En la época de su juventud Rita se enamoró perdidamente de un joven, los dos hicieron muchos planes para el futuro, entre los que por supuesto estaba casarse. Sucedió entonces que el joven tuvo que regresar a su país de origen para resolver algunos problemas legales, pero jamás regresó con Rita.

Rita por supuesto sufrió mucho y se creyó burlada durante muchos años, guardaba tanto rencor por lo sucedido que no volvió a darse el permiso de enamorarse de nuevo. Así, cada vez que alguien se le acercaba con intenciones amorosas ella lo rechazaba y sostenía que todos eran iguales, cada vez que alguien aparecía recordaba lo que le había sucedido.

Pasaron así los años, hasta el día que ella se encontró con un viejo amigo de aquel joven que la abandonó sin una explicación. Como es normal, estuvieron recordando viejas historias, mientras ella evadía hablar sobre él. No quería escuchar nada pero el amigo igual le contó lo que en realidad ocurrió con el joven novio. Se había metido en problemas serios en su pueblo natal y pagó sus errores con cinco años de cárcel. Luego de salir, él no tuvo valor para regresar, pero siempre la recordaba y la amaba. El Momento Santo se dio porque esta persona, hizo todo lo posible para que ambos se pudieran encontrar, incluso ayudó a su amigo a regresar al país y por eso la buscó a ella. Sin embargo, sucedió que la vida los había cambiado mucho y nunca más se volvieron a unir, aunque Rita aprendió que no vale la pena mantener una emoción por tanto tiempo, y es que muchas veces, como en su caso, ni siquiera el motivo que la ocasionaba era real.

Punto No. 25
La fuerza personal

"La fuerza no proviene de la capacidad física, sino de la voluntad del alma".
—Anónimo

La fuerza personal es un valor humano y como tal debe ser cultivado. La persona cuya fuerza de voluntad ha sido trabajada a lo largo de su vida, muestra con seguridad una serie de logros y realizaciones que no hubieran sido posibles si careciese de una saludable fuerza personal.

La fuerza representa en la persona las ganas de alcanzar algo, la firmeza de mantenerse en el camino trazado a pesar de los infinitos obstáculos. Esta fuerza derribará los muros y esquivará las trampas del ego.

El ser, soberano de la vida y de la mente, está alimentado por la motivación y la persistencia, necesita arrebatarle a la duda su poder, el hombre cuenta para ello con su voluntad, sin embargo, existen dos voluntades que se han de sincronizar para obtener una genuina fuerza de voluntad.

En la vida siempre están presentes la Voluntad Universal y la voluntad individual La primera incluyente, total, omniabarcante y eterna. La segunda, enriquecida por la primera, deberá crecer desde su pequeña semilla hasta el frondoso árbol de gruesa rama y profundas raíces. Será necesario establecer una conexión entre ambas voluntades para lograr darle el mayor uso a esta poderosa energía. Para conseguirlo, muchos aspectos de la personalidad deben ser superados. La verdadera fuerza personal nunca aparecerá hasta tanto los elementos que nos distraen, como miedo, envidia, rabia y adicciones, sean superados. Todos estos elementos nos quitan fuerza y nos hacen sus esclavos, deteniendo así todo potencial de realización del ser humano. Volver a la fuerza personal y empoderarse de esa energía, se consigue solo a través de la debida subordinación de todos nuestros locos pensamientos a pensamientos coherentes y ordenantes.

La mente lo maneja todo, con cada pensamiento se desencadena un torrente de emociones que ayudan o inhiben a la persona. Poner los pensamientos en orden y reconocer los patrones de pensamiento que desencadenan nuestros actos es un trabajo arduo que solo es posible con mucha voluntad. Esta fuerza personal siempre nos ha acompañado. La voluntad es, como dijimos, el primer paso para lograr la fuerza personal. ¿Y qué es la voluntad?, ¿qué hay detrás de ella? Pues el deseo o propósito que tiene la mente que aspira a algo, que cree en algo o que cree que algo puede ser posible. Cuando el deseo es claro, la motivación aparece. Todo lo que se quiere lograr está protegido por esta alegría, así como por la fe y persistencia que hacen que la voluntad no flaquee, aun cuando los acontecimientos apunten a lo contrario.

Conocer el deseo de la Voluntad Universal y permitir que nuestra voluntad individual crezca y se fortalezca con el deseo ferviente de lograr lo que la Voluntad Universal quiere, lo cual es servir al propósito que se nos encomendó, es la tarea más importante que tenemos. Las personas que con alegría siguen este llamado, van desarrollando a lo largo de su vida una fuerza personal que les permite alcanzar muchos logros, el mayor de estos es vivir con plena conciencia. La Voluntad Universal, entonces, nos pedirá utilizar nuestra fuerza personal como instrumento de amor. La fuerza personal al servicio de esta voluntad mayor ha realizado grandes obras en la humanidad.

Permitamos, mediante el deseo y la voluntad individual, ser utilizados para manifestar y enriquecer la vida. No conoceremos el cansancio ni el error en nuestra misión, pues una corriente de energía hará que llegue a nosotros todo aquello que precisamos tener para lograr alcanzar ese anhelado deseo.

La fuerza personal nace, en primer lugar, del profundo conocimiento que tenemos de nosotros mismos, de quiénes somos, de nuestras capacidades y de los dones que recibimos de Dios al venir a este plano, para usarlos en pro de un mundo mejor. Reconocernos como únicos, como seres especiales con capacidades para servir, nos empodera en forma personal para lograr nuestra misión de vida. Vinimos con un propósito, y mientras más pronto lo reconozcamos, más pronto podremos activarnos en pro de nuestra realización personal y grupal.

En otras palabras, cualquier tipo de labor con la cual tengamos la bendición de poder esparcir el bien desde nuestra competencia la llamamos fuerza personal; y es la capacidad innata que tenemos de vivir Momentos Santos, de la mano de Dios, el cual nos da las herramientas y nosotros las reconocemos como tales y las usamos en beneficio de un bien colectivo. Como bien lo dice Walt Whitman: "Cuando doy, me entrego a mí mismo...".

Así nos lo contaron...

Esta historia la escuchamos en una reunión de personas que se daban apoyo en circunstancias difíciles.

Se trataba de una señora de unos cuarenta años, quien por motivos políticos se vio obligada a dejar su país de origen y se encontraba en condición de refugiada en el país que la acogió. Estar en aquel estado le imponía ciertas restricciones y ella estaba de acuerdo con cumplirlas, hasta que una mañana la llamaron para decirle que su madre se encontraba muy enferma, a las puertas de la muerte.

Ella decidió partir hacia su país, a pesar de que le explicaron que no iba a poder regresar de nuevo. Sin embargo, algo en su corazón le decía que debía ir y que no se detuviera por problemas antes de que estos sucedieran, es decir, que hiciera lo que pensaba hacer y luego resolvería.

Ella contó que nunca tuvo miedo, solo un deseo intenso de estar con su madre sus últimos días.

Al cabo de tres semanas la madre falleció, así que ella decidió regresar a su país adoptivo lo más pronto posible.

Una vez en la aduana, el oficial miró sus documentos y le dijo que ella no podía entrar, que violó la ley. A lo que la señora le contestó que era cierto, que él estaba en lo correcto, y acto seguido, llenándose de valor y confianza, le preguntó: "¿Tiene usted madre?, ¿está viva?". A lo que él contestó afirmativamente. "Entonces usted me entiende", le dijo ella. "Fui a decirle adiós por última vez a mi madre. Tome usted su decisión, pero recuerde que los padres solo mueren una vez". El oficial, sin mediar una sola palabra, selló el documento y le dijo: "Pase".

Ella está muy agradecida con aquel oficial de inmigración, pues fue milagroso lo que sucedió, pero también estaba convencida de que fue su actitud de completa confianza en lo que hacía lo que consiguió que lograra obtener una segunda oportunidad.

Punto No. 26
Técnicas espirituales

*"Como guían las estrellas a los navegantes en el mar,
así han de guiar las técnicas espirituales
a aquel que en ellas quiera buscar".*
—Rosiris Fernández

El uso de una técnica tiene como fin obtener un cambio o resultado que mejore y eleve la calidad de aquello a lo cual la técnica sea aplicada. Las técnicas espirituales son, entonces, todas aquellas actividades destinadas a elevar el alma, a encontrar paz, gozo, fuerza de espíritu y otros muchos atributos que tiene el hombre y que deben ser trabajados para obtener el cambio que se desea.

Las técnicas espirituales son ese plan que debemos crear para realizar ese viaje que hemos planificado, donde la meta es lograr la armonía del cuerpo, la mente y el alma. Son muy variadas las técnicas espirituales para sanar cuerpo, mente y alma. Sin embargo, no siempre las hemos unificado, normalmente las estudiamos por separado. Aun así, es un ejercicio interesante conocer algunas de ellas en su conjunto, para seleccionar la que mejor vaya con cada uno y así elegir una o varias libremente. Las técnicas orientan la acción y, sobre la base de una planificación, ordenan y guían las actividades que persiguen como fin realzar la naturaleza espiritual del hombre.

A través de su historia, el hombre siempre ha realizado diferentes actividades con el fin de obtener los resultados que desea en cuanto al cultivo de su alma o espíritu. Hemos de pensar, entonces, que si queremos conseguir algún tipo de resultado positivo, la práctica de una técnica debe ser realizada con constancia y dedicación. Un atleta nunca llegaría a estar en el pódium de ganadores si no hubiera dedicado horas y años de infinito trabajo y aplicación de las técnicas para obtener el resultado que desea, y no solo obtenerlo, sino, aún más, mejorar cada día su propio desempeño. La calidad de su trabajo va a estar en relación directa con el esfuerzo y aplicación de todas las técnicas que ha aprendido. Un atleta vive toda su vida conforme a su propósito, es un atleta desde que se levanta hasta que se acuesta y como tal lleva su vida. Cuida cada cosa que hace para no desviar su propósito: obtener un alto rendimiento en el desempeño de su disciplina.

Esto es aplicable a todo, es decir, quien desee obtener un resultado verdadero y duradero en lo que hace, debe aplicar las técnicas de tal forma que las haga suyas, vivirlas en cada instante, hasta convertirse en "la técnica".

Cuando alguien falla quiere culpar a la técnica, pero en muchos casos la misma técnica ha funcionado para otros. Las técnicas espirituales no son diferentes, no se puede hablar de que la práctica de una u otra técnica sea mejor, sino del trabajo y constancia que la persona haya puesto en su aplicación y práctica.

La naturaleza espiritual de la persona se desarrolla y evoluciona como lo hace un músculo, como lo hace la mente. Cuando se trabaja con técnicas espirituales, la persona encuentra cambios en todas las áreas de su vida, incluido su cuerpo físico y, por supuesto, su mente. Los beneficios se aprecian en todas las áreas de la vida.

Es por eso que el hombre ha buscado, a través de múltiples técnicas, alcanzar ese anhelado sueño de lograr paz, amor, salud y felicidad a través de técnicas espirituales.

Las técnicas espirituales son muy usadas por los sanadores espirituales. El terapeuta utiliza las diversas técnicas desde una conciencia orientada hacia el alma, y busca siempre interpretar y aplicar de manera amorosa e inteligente el propósito de la evolución del alma, relacionado con cada paciente y su situación particular. Acorde a su sensibilidad, usará cualquiera de las múltiples técnicas que tiene a la mano, como las técnicas de Polaridad, Reiki, Imposición de Manos, Masaje Energético, Mantras, Meditación, Oración Individual y Grupal, Geometría Sagrada, y así un sinnúmero de técnicas, todas ellas destinadas a reorientar el camino de la evolución de la persona en tratamiento y del terapeuta. *Toda técnica espiritual tiene una sola misión: ayudar a la persona a "volver su mirada al alma"*.

Esta introspección en ocasiones requiere del uso de ciertas técnicas espirituales que nos ayudan a acercarnos a nuestra esencia y, desde allí, despertar hacia una nueva realidad espiritual.

Vemos básicamente cualquier técnica espiritual, como una valiosa herramienta que nos logra llevar hacia el despertar de un nuevo mundo en el que exista una conciencia colectiva amorosa hacia el prójimo, que nos permita poder lograr construir un mundo mejor desde la realización diaria de Momentos Santos de bondad.

Se trata de aprender a hablar un nuevo idioma. Como lo dice el proverbio checo: "Aprende un nuevo idioma y adquiere un alma nueva". Vemos con preocupación la forma en que la tecnología va irónicamente aislando más y más a las personas, las cuales han perdido hasta los hábitos más sencillos de interacción, como tomarse un café juntos y charlar, ir a fiestas y bailar, ir a dar un paseo a la orilla del mar o subir una montaña. León Bloy lo expresa así: "¿Cuántas almas realmente vivas se encuentran en este barullo de seres vivientes?".

Nuestro propósito, es usar las técnicas espirituales que cada quien considere válidas para hacer un viaje de retorno al alma y despertarla hacia su don innato de ser y generar infinitos Momentos Santos. Retornemos a la esencia pura del alma para ser generadores poderosos, individuales y colectivos de Momentos Santos, pues en concordancia total con la idea de Ferdinand Foch: "El arma más poderosa en la Tierra es el alma humana encendida", buscamos activar esa conciencia del bien desde el fondo del alma, y como lo expresa Nerval: "Las almas son las ideas de Dios".

Punto No. 27
Guerra y paz

"La acción puede ser de guerra o de paz, tú decides cómo quieres vivir, infierno o paraíso".
—Rosiris Fernández

Sin amor no hay paz. De igual manera podemos decir que cuando hay amor es imposible que haya guerra o violencia; el día y la noche no pueden estar a la misma vez.

Sin embargo, al hablar de paz y guerra, también hablamos de dualidades internas: bueno y malo, claro y oscuro, ruido y silencio, donde uno se conoce a través del otro. Si no hemos estado en guerra, no sabremos apreciar la paz, y si no hemos conocido la paz, tampoco podríamos distinguirla de la guerra. Sin embargo, la guerra es la confrontación, el litigio y la crueldad; y la paz es el estado interno y externo en el cual todos anhelamos vivir. Como lo dice Herodotus: "Durante la paz los hijos entierran a sus padres, durante la guerra los padres entierran sus hijos".

La guerra, por tanto, es un estado invertido, una alteración del orden natural y del deber ser de las cosas. Como lo dice Fenelon: "La guerra es un mal que deshonra al ser humano". Por medio del establecimiento de la diferencia entre la paz y la guerra, buscamos concientizarnos hacia la elección del camino de la paz, aquel que nos lleva a la valoración de cada ser humano a tendernos la mano y a la comprensión profunda de que todos estamos juntos luchando nuestras guerras internas, pero conscientes de que, si no nos ayudamos unos a otros, no lograremos labrar ese mundo de paz que todos anhelamos.

Debemos entender que la destrucción no construye y que cada uno de nosotros debe construir su propio puente hacia el prójimo. Y así, desde el más pequeño, hasta el más importante acto de bondad, pasará a edificar miles de Momentos Santos que serán nuestras valiosas herramientas para construir la paz entre nosotros. Entendiendo el concepto de paz como lo explica

Benedict Spinoza: "La paz no es la ausencia de la guerra, es una virtud, un estado mental, una disposición a la benevolencia, a la confianza, a la justicia". Y el objetivo final sería, como lo expresa Carl Sandburg: "En algún momento darán una guerra y nadie asistirá".

Carta al mundo

Por Rosiris Fernández

Las alas del amor se expanden sobre toda situación, una brillante luz permite a nuestro ojo interno ver a través de las oscuras aguas del ego y divisar con diáfana claridad la verdad que brilla en todo acto o toda situación. Su aparente oscuridad no nos confunde, a los ojos del amor cada acto es percibido como una llamada de amor, como una súplica que grita al infinito su dolor, soledad y tristeza que nos piden ser liberados de las cadenas de la ignorancia.

Desde tu tristeza y tu dolor vemos que quieres empezar la guerra, única salida que encuentras a la aguda lanza que te atraviesa, única forma de expresión que has conocido. QUIERES QUE TE VEA, que te reconozca, me pides a gritos un poco de amor, porque tú ya no puedes con tanto dolor y vergüenza, agotaste las reservas del amor en tu corazón. Mas no desmayes, solo permite que el amor que yo te envío vuelva a regar las semillas de la bondad, el gozo y la compasión en tu corazón. Tu guerra me invita a la paz, dulce rendición del alma a la inequívoca ley del universo, La Ley del Amor, en mi obediencia a ella yo te acojo.

Vuelve los ojos a tus armas, sean ellas como el mortal cañón de aquel joven soldado, o la feroz palabra de venganza y odio que lanza la oscuridad del alma. Míralas, ellas no tienen sentido en este mundo, en el mundo en el que yo habito no se conoce su uso. Ante la mirada de infinita compasión de tu Creador, el cañón se vuelve flor y la dura palabra un poema de amor. No te resistas, deja que aquello que celosamente guardé en tu corazón, brote en vigoroso manantial para llenar las fuentes de tus soledades, guerras y tristezas.

La guerra, ¿qué es la guerra sino una invitación al amor? ¿No me crees? Háblale al soldado herido, al huérfano, a la joven viuda, a la madre que el dolor lacera, y pregúntales qué sienten por sus seres queridos que se fueron, siempre saldrá de ellos un profundo amor, no solo por los que partieron, sino por todos aquellos que siguen en la lucha; por los que han de partir, BASTA es lo único que habita en sus corazones. Esta amarga contradicción que trae la guerra no debería existir si al primer grito de ofensa miramos más allá y vemos el llamado del amor en cada afrenta. El Padre quiere recordarnos que no hay fronteras, no hay ideología, no hay religiones en su reino, solo amor y tú estás en él.

CAPÍTULO 6
EL TIEMPO

"No existe el paso del tiempo,
solo existe el paso de los sucesos".
—Anónimo

El tiempo, maestro de maestros, en su ilusorio camino juega un papel estelar en nuestras decisiones.

Estamos enclavados en esta dimensión material. Para la existencia del tiempo es necesaria nuestra presencia, de otra manera el tiempo no tendría ningún sentido. Nosotros, los seres humanos, establecemos nuestra línea de vida en función a la premisa de la temporalidad. Siempre estamos necesitando la definición de cada momento para ubicarnos. Para tener un sentido, tanto de pertenencia como de dirección de nuestra existencia, hemos creado sistemas de horas, días, meses, años etc., para ordenar el movimiento cíclico de nuestro planeta. Los días, y todas nuestras actividades incluidas en ellos, parecen estar regidos por el movimiento de la Tierra en su relación con nuestra estrella luminosa, el sol.

Si observamos, hay una estrecha relación entre este movimiento planetario y la distribución de las actividades que hacemos. Tenemos, por ejemplo, la mañana que se inicia con la salida del sol en el horizonte, esto marca a su vez el inicio de un nuevo día, que a su vez se encuentra enmarcado en otro segmento de tiempo que llamamos semanas, y así hasta llegar a definiciones de tiempo infinitamente grandes como décadas, siglos, etc., todo basado en los movimientos de los planetas.

Podríamos decir que, dentro de estas mediciones de los movimientos planetarios, tenemos en su estado más pequeño o micro, nuestras vidas y cómo ello lo rige todo. Así, la importancia del tiempo es vital para entender la vida y también para conocer cómo queremos vivirla.

El valor del tiempo entonces se hace incuestionable, el uso que hacemos de cada momento de ese tiempo está llenando de sentido y propósito nuestra vida.

El pasado, presente y futuro tienen su propia función y transgredir estos propósitos o fines que deben cumplirse durante cada etapa del tiempo, crea en nosotros problemas que en muchos casos no nos permiten trabajar ni desarrollarnos en nuestro Ser, tanto espiritual como psicológicamente.

Si vemos nuestra vida tan solo como la repetición del pasado, avanzaremos poco hacia meta alguna. Si en cada día que vivimos nuestra memoria se mantiene atada al pasado, incurriremos en los mismos errores y, lo que es peor aún, nos será muy difícil avanzar en la vida. Y a pesar de lo triste que esta situación pueda aparecer, esta es una forma bastante común de vida para muchas personas; incluso vemos que sociedades e instituciones se la pasan viviendo sus vidas con la mirada en el pasado.

También estamos aquellos de nosotros que, por el contrario, mirando al pasado enfocamos toda nuestra vida en el futuro y así nuestras vidas están fuertemente fijas en la situación que idealmente se encontrará en algún lugar del tiempo que vendrá. Estas personas hacen todas sus actividades con la idea de ese futuro, algunas ni siquiera hacen nada esperando que llegue el futuro con la promesa de ese cambio que avizoran: "Seré feliz, cuando sea...", de tal modo que no seremos felices hoy porque todavía no tenemos eso o no somos lo que queremos ser.

Y está el último grupo de personas que se encuentran haciendo y están presentes en el instante presente, viven el momento, su actividad está centrada en el aquí y en el ahora.

El tiempo visto de esta manera, donde pareciera que tenemos la opción de vivir en el pasado o el futuro, se nos hace una ilusión, la existencia de diferentes momentos es ilusoria. En realidad, necesitamos dividir la vida en momentos para tener una referencia, pero no debemos perder nunca de vista que lo único verdadero es el tiempo que estamos experimentando en este mismo instante, lo demás siempre será un recuerdo o una suposición, pero no es verdadero.

El tiempo está determinado de esta manera, pasado, presente y futuro, no para confundirnos, entre el pasado que no está, o un momento futuro que aún no llega, el tiempo solo existe en el presente. Las horas, días y meses solo nos permiten tener una relación espacio-tiempo de nuestra existencia física, pero la parte de nuestro ser que es más grande que nuestro cuerpo, no reconoce la existencia del tiempo y está simplemente viviendo en un tiempo continuo, donde no se ve principio, ni tampoco final. Muchos maestros espirituales han tratado de enseñarnos a encontrar esta parte nuestra y a permanecer en ella, ya que solo es en ese instante de absoluta presencia donde se encuentra la vida y todas las oportunidades que podemos tener.

El tiempo, entonces, es realmente el tiempo que vivimos en comunión con el ser, y que disfrutamos en expandirlo cuando al vivir cada experiencia con el otro lo integramos en nosotros y así hacemos hasta del más simple acto, como el compartir un café, un maravilloso Momento Santo.

Así nos lo contaron...

La historia de Julián está enmarcada en la aventura. Julián es un hombre joven a quien le gusta mucho la navegación. Un día decidió ir a navegar con su hijo de ocho años, su hijo mayor, estaban felices pues planeaban pasar muchas horas nadando y pescando solos los dos, era un plan de hombres, así animaba él a su pequeño hijo a disfrutar de un día con él.

Llevaban ya varias horas y todo transcurría perfecto hasta que cerca de las cinco de la tarde el clima cambió de súbito y el tranquilo mar se convirtió en un verdadero caos. Su pequeña embarcación se movía violentamente, y aunque no estaban lejos de la costa, el mar los alejó un poco más y Julián no tenía cómo controlar algo que se estaba poniendo muy mal.

En un punto, la embarcación chocó contra una roca y se voltearon. Eran alrededor de las seis de la tarde, ambos tenían puestos sus salvavidas y Julián sujetaba con todas sus fuerzas al niño a la vez que se asía férreo al bote con la otra mano. Sin embargo, la preocupación de Julián era mantener al niño calmado, así que hizo como si no fuera un gran problema y le dijo que le contaría cuentos mientras llegaban a rescatarlos —eso era lo que él suplicaba para sus adentros que pasara. Como había decidido darle confianza al niño, cantaron, rieron e hicieron juegos, hasta que cuatro horas después llegó la ayuda necesaria. Solo después de ser rescatados, Julián se dio cuenta de la cantidad de horas que pasaron en esa situación y que ni a él ni al niño les parecieron pesadas, pues se concentraron tanto en lo que estaban haciendo que literalmente el tiempo "pasó volando". Como Julián lo pone: una fuerza de paz los sostuvo todo el tiempo necesario hasta que aparecieron los rescatistas.

Punto No. 28
Maestros espirituales

> *"El auténtico maestro permite descubrir*
> *al Maestro que hay en ti.*
> *Te anima a descubrir 'otros maestros'*
> *y a ti mismo".*
> —Irene Paur

Cuando decidimos encarnarnos, todos los seres humanos venimos con un propósito: tenemos que conocer la ciencia del espíritu. Esta es la materia que hay que aprender, experimentar y expandir. El espíritu, aquello que se vivencia, aquello que nos envuelve y organiza, pero que no podemos experimentar con nuestros sentidos. Allí radica el problema, los sentidos no lo pueden reconocer. Sin embargo, nuestro espíritu está allí, eterno y total, es solo a través de su completa experiencia que podemos liberarnos y evolucionar.

Pero si no nos es posible conocerlo a través de los sentidos, ¿cómo podemos llegar hasta él?

A esta vivencia se le llama metafísica y, como lo indica su nombre, va más allá de lo físico. No es posible conocer al espíritu y su mundo a través de lo material, pero sí es posible engrandecer la materia a través del espíritu. Así, podemos inferir que el espíritu le da vida a la materia, y el goce y disfrute de la materia está dado en función de la vida que le imprime el espíritu. A pesar de la tremenda importancia que tiene en nuestra existencia, no nos damos cuenta de su presencia y perdemos todas las oportunidades de tener una vida plena cuando solo le damos crédito a lo que los sentidos (limitados) nos pueden mostrar.

Ayudarnos a descubrir esta fuente de vida en nosotros ha sido el trabajo de los maestros espirituales a través de toda la evolución de la humanidad. Así, el hombre siempre ha sido asistido en su camino por la vida. Los maestros espirituales están en la Tierra para mostrarnos la forma de conocer el espíritu, de aprender de la vida, de llegar a descubrir a Dios y su absoluta manifestación.

El mensaje siempre ha sido el mismo, experimentar la conexión con el todo, y vivir la experiencia de la energía de la que estamos hechos: el amor.

Ellos, los maestros espirituales, vienen con diferente forma y actividad para abarcar todos los órdenes de la vida humana, pero la meta del trabajo es la misma: elevar al hombre en su máxima condición de humanidad.

Como sabemos, la humanidad ha tenido grandes maestros, algunos de los más conocidos son Confucio, Buda, Mahoma y Jesús, entre muchos otros.

El maestro, en su labor de labrar el alma, trabaja con la persona para que pueda obtener lo mejor de sí mismo. Como su misión es que cambiemos nuestra actitud, lo que hace es dejar que aprendamos a su lado, jamás alaba, por el contrario, castiga mucho más, pero con el único fin de mostrarnos un camino recto, un pensar recto. Por eso castiga todas las visiones del ego, las percepciones que llevan al error. Así que, muchas veces la persona que trabaja de cerca con un maestro siente intensa presión y es puesto a prueba en múltiples ocasiones. Lo que se ha aprendido debe ser parte de nuestro ser, no un mero conocimiento. Se es afortunado al tener un maestro en la vida. Siempre se ha dicho que cuando el alumno está listo aparece el maestro, sin embargo, la palabra "listo" solo significa que está preparado para empezar el camino de la liberación del espíritu que en esa persona habita. El trabajo de allí en adelante, será conducirla a alcanzar el poder propio, a encontrar el espíritu, la vida verdadera.

Jesús, el Maestro de maestros, dijo: "Yo soy el camino, la verdad, y la vida". Y es así, porque un verdadero maestro es un camino hacia nuestro propio ser interior, hacia la verdad, hacia nuestra liberación.

Punto No. 29
Establecer metas

"Y si vas a aferrarte a algo,
que sea a tus metas y a tus sueños,
no a las personas".
—Poetisa Loca

Cuando escribimos este título, pensábamos en lo arraigado que está en nosotros asirnos a metas, colocamos a futuro el momento presente. Y sí, eso es exactamente lo que hacemos cuando establecemos una meta. Este ejercicio de establecer metas siempre está orientado a futuro. ¿Y las metas que son? ¿No son acaso nuestras ilusiones? ¿No son todos los sueños que tenemos, algo que perseguimos pero que está a unos pasos más adelante de nosotros y que ya existe? Existe, porque existe en la mente en este momento, pero su materialización será en otro momento más adelante de nuestro ahora. Así, colocamos a futuro nuestro momento presente.

Por ejemplo, la persona que tiene el sueño de hacerse un profesional quiere tener una profesión, lo cual le implicará invertir una gran cantidad de tiempo, dinero y esfuerzo para que esto ocurra, de lo contrario no sucede. Pero, detrás de cada meta o sueño, hay algo más profundo, oculto, incluso a veces hasta para nosotros mismos. En algunos casos será claro, la profesión nos dará la oportunidad de obtener mejores ingresos económicos para algunos, prestigio para otros, y más conocimiento para unos pocos. En fin, estas parecen ser las razones, pero siempre detrás de todo esto hay un motivo mayor que es una fuerte idea de carencia, la meta particular ayudará a la persona a lograr satisfacer una percibida insuficiencia muy profunda: "Tengo que recorrer un determinado camino para lograr algo que creo no tengo o no poseo".

El mantener en mente una meta que se ha establecido y trabajar por ella, es la forma como se logra finalmente llegar al objetivo. Y cuando estamos teniendo el deseo, lo que estamos es enfocándonos en tiempo presente, sobre la meta que visualizamos.

Entonces nos damos cuenta de que, a mayor concentración en la etapa o parte de ese proceso de llegar a una meta establecida, esta tendrá mayor o menor éxito en la medida en que estemos totalmente enfocados, realizando con profundo gozo e inspiración las actividades necesarias en cada etapa del camino para llegar a la meta. Nada más imaginándola jamás se va a realizar.

Solo aquellas personas que se mantienen enfocadas en tiempo presente, construyendo con sus vivencias, van a lograr el objetivo. Sus metas pueden ser muchas y muy grandiosas, pero si no están llevadas por ese verdadero propósito que las alinee con su espíritu y le pongan corazón a cada pequeño paso de ese largo camino, no lograrán alcanzar sus metas. Eso es estar allí presente. Si es así, el objetivo tiene más posibilidades de manifestarse, entonces vemos que aun cuando nuestras metas están en el futuro, debemos olvidarnos de ese futuro y en cada momento del trayecto a esa meta, experimentar, mantener la atención hacia el objetivo más viable y así el resultado estará garantizado.

Volvamos al hecho de que en cada meta hay una necesidad, la creencia de que necesitamos algo. El origen de esta creencia siempre es el miedo. Eso desde nuestra visión espiritual no tendría sentido, pues no hay nada de lo que carezcamos; sin embargo, la clave está en aquello que nos mueve espiritualmente. El propósito, la dirección del espíritu mueve nuestros actos. No carecemos de nada, pero sentimos a través de nuestro conocimiento del mundo, que sí nos falta algo. ¡Claro, lo que nos falta es vivir la experiencia! Es decir, cómo se siente, porque el espíritu lo tiene todo. ¡Pero lo necesitamos vivir y solo nosotros en nuestra experiencia material lo podemos experimentar y llevar esa materia a su máxima realización, y esto es la espiritualización de la experiencia!

Entonces el espíritu direcciona nuestro ser, para ir en busca de la verdad, a través de la experiencia de nuestra travesía, nuestro viaje hacia nuestra meta, que no es otra cosa que el autodescubrimiento de todas nuestras capacidades y posibilidades, de nuestra grandeza. Allí estuvieron siempre, pero sin este primer extravío de la insuficiencia no hubiese sido posible reconocer o descubrir de nuevo el caudal de posibilidades que somos.

Así es que nuestra meta no es más que la oportunidad que nos da el espíritu de revelar esa parte de nosotros que erróneamente pensábamos que nos faltaba.

Realizamos nuestro camino a la meta con gozo y cuando quizás lleguemos a nuestro destino, el resultado será muy distinto al de nuestra meta original, pero el camino recorrido nos habrá enseñado más de lo que nosotros mismos pretendíamos cuando nos pusimos en ruta.

Punto No. 30
El futuro del planeta

"La Tierra no es del hombre,
el hombre es de la Tierra".
—Anónimo

La idea de un futuro distinto para el planeta siempre ha estado en la mente de los hombres.

Este futuro es dibujado relacionándolo con las conciencias de las personas que lo han expresado. En el libro de Aldous Huxley, *Un mundo feliz*, la sociedad ideal es controlada a tal punto que las personas pierden su individualización buscando un estado ideal de felicidad, donde los sentimientos son suprimidos y la evasión de la realidad acerca de sí mismos es la solución a los problemas.

Muchas cosas han cambiado ciertamente desde la publicación de ese libro y muchas cosas podríamos verlas como proféticas. Sí, en cierto sentido, las personas están buscando cada vez mayores formas de evasión, pero por otro lado hay un creciente sentido y necesidad de cambio. El hombre que se puede estar dibujando hoy, estaría en oposición a esta visión (la de un hombre controlado por la tecnología). Podríamos estar viendo surgir un hombre con un sentido más claro de su ser individual, pero más consciente de su pertenencia a un todo.

El concepto de unidad radica definitivamente primero en nuestra individualización, es preciso que el hombre o la humanidad vea con mayor claridad quiénes somos y la capacidad que tenemos de cambiar esa realidad que nos molesta. Y esto podrá manifestarse en la medida en que haya un mejor entendimiento de la naturaleza única y poderosa, bella y amorosa que hay dentro de cada uno de nosotros.

Entonces, esta posibilidad de individualización se da solo cuando reconocemos la increíble fortaleza que reside en el espíritu de cada uno de nosotros. Es la comprensión de la presencia de ese espíritu santo que devela toda mentira con respecto al mundo que nos rodea, y que nos permite liberarnos de los condicionamientos a los que nos llevaron los pensamientos y las acciones que nos mantienen atados a la materia, al pasado. Una infinita paz se apodera del hombre que deja de escuchar las mentiras de su mente y que hace silencio para que la verdad, lo verdadero y lo sustancial de la vida se exprese en ella, ya no para atarlo a la solución que la mente le provea, sino a la manifestación de la libertad de tomar cada evento que la vida le presenta como lo que es, meros actos circunstanciales que le permiten expresar su mayor naturaleza, una fuerza indestructible de amor y entendimiento de ser todo y nada a la vez.

Ya dijimos que el tiempo se resume en un continuo presente. Sin embargo, sabemos que según hayan sido nuestras acciones en el tiempo presente, estas determinarán los próximos momentos presentes. De esta manera, la idea de construir un futuro distinto para el planeta parte de la necesidad de empezar a trabajar en nosotros y nuestra sociedad desde este momento presente, y la presencia de generaciones que toman el destino en sus manos, no para separarse, sino para buscar las maneras de acortar la distancia que media entre nosotros. Un futuro distinto para el planeta siempre ha estado en la mente de la mayoría de las personas. Existe, por lo tanto, en el nivel de la conciencia y el futuro es dibujado en las mentes de todos. Un mundo mejor ya está aquí entre nosotros y lo llevan impreso las semillas de la nueva humanidad: ¡Nuestros niños!

CAPÍTULO 7
LOS LUGARES

"Algún día en cualquier parte, en cualquier lugar.
Indefectiblemente te encontrarás a ti mismo,
y esa, solo esa, puede ser la más feliz
o la más amarga de tus horas".
—Pablo Neruda

¿En dónde vivimos? ¿En una campiña, o acaso en una agitada ciudad? Quizás nos tocó nacer en un lugar austral, o por el contrario vivimos al norte del planeta. Es tan grande la diversidad de la vida que el clima también es parte de nuestros lugares de estadía. El sol del trópico calienta el corazón y la piel de quien lo habita, lo convierte para quien vive allí en un lugar cálido; y para otros, las dulces colinas nevadas son el marco de inspiración de los pintores y poetas. La vida y los lugares son un regalo de la creación para el hombre.

Y no olvidemos a quienes la vida los movió del lugar en el que nacieron y se volvieron peregrinos en la Tierra. Pero, aunque vayamos a otro sitio, siempre llevaremos "nuestro lugar" al nuevo hogar, y si lo dejamos actuar, ese encuentro es un maravilloso Momento Santo. Ese instante en que llegamos es la puerta abierta para vivir lo nuevo, lo inesperado, la mano del nuevo amigo, los nuevos sabores y colores; y, a través de ellos, conocernos a nosotros un poquito más y descubrir que no somos diferentes, sino iguales en nuestra singularidad.

Es una experiencia de expansión la que nos permiten los lugares, es una oportunidad de jugar a ser ciudadanos de cualquier parte y aun así seguir siendo lo que somos, disfrutar del nuevo aprendizaje, adquirir nuevas destrezas, conocer nuevas culturas. Cada momento es maravilloso, es tan perfecto y es dado para cada uno de nosotros, para nuestro aprendizaje, porque "nuestro lugar" siempre será nuestro propio territorio, nuestra conciencia, nuestro ser.

Pareciera que tenemos realidades diferentes, pero hay algo que no cambia, ese lugar donde nos encontramos, ese pedazo de tierra que habitamos es nuestro escenario, allí tenemos los elementos que nos ayudan a edificar nuestros sueños. Ese lugar donde nos toca vivir nos trae la fuerza, la energía que debemos integrar a nosotros mismos.

El lugar donde nacimos no lo elegimos, sin embargo, se nos mete en la piel y somos cada cosa de ese lugar, aprendimos a través de los colores, los olores y los sabores del lugar, su música. El sol quizás tostó nuestra piel o las altas montañas colorearon de suave rosa nuestras mejillas.

Vamos construyendo nuestra vida en función de los elementos naturales del lugar. Cada sociedad se desarrolla de acuerdo con los elementos que enmarcan su vida. La naturaleza es la compañera de los hombres y en cada lugar aprende a aprovechar sus recursos.

Lamentablemente, la relación armónica del hombre con el ambiente se rompió hace mucho, y aun bajo esas contradicciones de abuso y poder del hombre sobre el ambiente, éste continúa marcando la vida que se desenvuelve en cada lugar. De esta manera, los lugares son una fuente importante de lo que somos y el desarrollo de nuestras actividades y habilidades será inspirado por cada lugar en el que nos haya tocado vivir.

Miremos a nuestro alrededor, observemos cada cosa que forma nuestro lugar: el clima, la naturaleza, el color, los olores, la comida… y rindamos un sentido homenaje a ese pequeño pedazo de tierra en el que disfrutamos nuestra existencia. ¡Es nuestro hogar y es un lugar santo, nos está dando todas las oportunidades para vivir nuestra mayor aventura, ¡nuestra vida!

Punto No. 31
El cielo

> *"El cielo es la alternativa*
> *por la que tengo que decidir".*
> —UCDM

El cielo no es más que nuestra propia naturaleza, el cielo somos nosotros, con todas las experiencias de vida que nos enriquecen y nos ayudan a alzar el vuelo del cóndor. Es vivir en los lugares que nos haya tocado, para hacer de este nuestro cielo en la Tierra.

Entonces, ¿cuál es el cielo que las personas buscan? Quizás sea ese cielo azul, diáfano, sin nubes grises; o un cielo preñado de estrellas con un fondo negro tan intenso que nos ofrece la semblanza de la nada. Y en cada estrella cabalga el sueño de una humanidad que se perdió en la búsqueda.

O, tal vez, el hombre en su caminar en inconsciencia, se vea llegando hasta un cielo negro, con nubes negras, grandes, pavorosas o enjutas, como una ciudad arrasada por el polvo ceniciento de un volcán.

El cielo depende de cada uno de nosotros y en él se han pintado los colores que llevamos en el espíritu; y cuando lo dejamos a cargo del espíritu, nuestro cielo es de mil colores, puede ser negro, azul, blanco, rosado. Por ello, debemos siempre aprovechar ese momento con cada experiencia que la vida nos presenta para dejar que el espíritu coloree cada instante.

Podemos ver que en todas las religiones a las personas se les ha hecho la promesa del cielo, mas llegar allí será muy difícil; para algunos, habrá caminos que parecerán no llevar a ningún lugar; para otros, la carga será tan pesada y llena de requisitos tan altos que no los podrán alcanzar, sobre todo cuando llevan el peso de mucha culpa. En nuestra opinión esa promesa de cielo es engañosa. ¡Cuán fácil se puede perder si no se cumple con todas las reglas que imponen las religiones!

Pero, ¿qué es el cielo entonces, si no un lugar en nuestra conciencia, un punto en la dimensión en que nos movemos?

El cielo es un estado que podríamos llamar "de gracia", porque no tenemos una mejor palabra para definirlo. El cielo somos cada uno de nosotros, y será nuestra decisión si caminaremos con nuestro arcoíris o nuestra nube gris donde quiera que vayamos...

La sola palabra "cielo", dispara en nosotros células, memorias de alegría, de esperanza, de totalidad y un horizonte ilimitado. El cielo no es el límite, es solo el principio del viaje de regreso al verdadero cielo, aquel del que un día salimos como chispas divinas de luz para vivir esta experiencia material. Por eso el cielo somos cada uno de nosotros, porque siempre se quedó en nosotros el recuerdo de lo que somos, de dónde venimos y a dónde queremos regresar. Miramos fuera, pensando que el camino está allí, olvidamos el camino y queremos que las estrellas nos guíen el regreso, todos suspiramos por ese cielo del cual una vez partimos. Trajimos nuestro cielo con nosotros, mas el tiempo que ha transcurrido nos ha desdibujado su recuerdo.

El cielo es lo que somos, lo que seremos, lo que existió y lo que ha existido siempre, nunca cambia, como camina el caminante sus huellas, anda y desanda su camino. El cielo será nuestra circunstancia en cada lugar que nuestra alma habite. Lugar y cielo son compañeros, son amigos y se complementan.

El cielo no es la Tierra, mas nosotros vivimos en ambos. El cielo nos permite disfrutar de la Tierra. Cuando experimentamos el cielo a través de la materia, somos capaces de ver la vida en todo su esplendor, el espíritu de cada cosa se nos revela. A ello le llamamos espiritualizar la materia. Encontrar el espíritu divino, santo, en cada cosa o circunstancia que vivimos, es estar en el cielo, es ser el cielo.

"En el cielo está todo lo que Dios valora. Allí nada es ambiguo todo es claro y luminoso y suscita una sola respuesta. En el cielo no hay tinieblas ni contraste. Nada varía, ni sufre interrupción alguna. Lo único que se experimenta es una sensación de paz tan profunda que ningún sueño de este mundo ha podido jamás proporcionarte, ni siquiera el más leve indicio de lo que dicha paz es", expresa la UCDM.

Seamos el cielo pues, y en cada encuentro con el otro brindemos ese pedazo de cielo que somos. Quizás eso sea lo que el encuentro de almas necesita: Convertir todo en un Momento Santo.

Punto No. 32
Una sociedad sana

"No es saludable estar bien adaptado
a una sociedad profundamente enferma".
—J. Krishnamurti

El hombre está íntimamente ligado al concepto de sociedad. Como lo dice Séneca: "El hombre es un animal social". Y esto es así porque donde se encuentre tendrá que lidiar con otros hombres y aprender a convivir. Proudhon lo expresa así: "El hombre es hombre por la sociedad, la cual, por su parte, solo se sostiene por el equilibrio de las fuerzas que la componen". Por tanto, como la sociedad es el medio en el cual nos desenvolvemos, es necesario mejorar los aspectos clave de esta para hacerla más sana.

Debemos comenzar por querer y educar a nuestros hijos en los valores infinitos del amor. Ellos son las semillas que, si se riegan bien, harán de este un mundo mejor. El doctor Karl Menninger lo expone así: "Aquello que se les hace a los niños, es lo que ellos a su vez le harán a la sociedad". Aquí, hay dos pilares fundamentales: la educación y la instrucción. La educación es la forma en que cada familia va moldeando a sus hijos desde los principios del amor y los valores, y la instrucción es el aprendizaje didáctico que reciben de las instituciones educativas. Por ende, como lo expresa Robin Cook: "La educación es más que un lujo, es una responsabilidad que la sociedad se debe a sí misma". Es así que ambas herramientas, la educación y la instrucción, son fundamentales para formar seres humanos sociales, capaces no solo de adaptarse a sus sociedades, sino de ser agentes de cambio. Joan Cooney, enriquece la idea diciendo: "Valorar a los niños es la marca de una sociedad civilizada". No basta con instruirlos, es imprescindible llenarlos de amor para que ellos, a su vez, entiendan al amor como la mejor manera de relacionarse con el otro. Así, desde el principio, podremos educar seres con la capacidad de generar infinidad de Momentos Santos, pues ellos entenderán la inminente necesidad de hacer el bien y de tender puentes entre los seres humanos para lograr vivir en una sociedad más sana.

Sigmund Freud lo ilustró así: "La civilización es un proceso cuyo propósito es combinar individuos y después de eso familias y luego razas y luego pueblos y naciones y convertirlo en una gran unidad, la unidad de la humanidad". Buscamos crecer unificando corazones para que así no existan diferencias. Todos nacemos y morimos de igual manera y todos venimos con misiones y lecciones que aprender; por ende, todos tenemos alegrías y tristezas, fracasos y éxitos ya que, desde esas herramientas, Dios nos envía las pruebas individuales y colectivas por las cuales todos debemos pasar para seguir el camino de nuestra evolución espiritual. Por ello, todos somos felices e infelices, y si nos ayudamos en vez de no hacerlo o mostrarnos indiferentes, crearemos un entorno más amable y saludable para todos. Pablo Casals lo expone así: "Deberíamos pensar que somos una de las hojas de un árbol y que el árbol es toda la humanidad. No podemos vivir sin los otros, sin el árbol". Y así lo refuerza Harold Helper: "Nadie es lo suficientemente rico como para no necesitar de su vecino".

Si entendemos las sociedades como núcleos amables de interacción necesaria y que cada quien crea y genera conciencia de ayuda al prójimo, ciertamente viviremos en sociedades libres de las contaminaciones innecesarias que generan las diferencias que crean los seres humanos, o sus egos, para distinguirse y alzar barreras en vez de unirse y ayudarse. Aun con nuestras diferencias, entendamos que no todos somos iguales ni pensamos de la misma forma, y así creamos mayor conciencia de tolerancia. Como lo expresó John F. Kennedy: "Si bien no podemos acabar ahora con nuestras diferencias, al menos podemos hacer que este sea un mundo seguro para la diversidad".

Concienticemos nuestro enorme potencial de generar Momentos Santos y de trabajar tendiéndonos las manos de corazón.

Así nos lo contaron...

"Hoy es una mañana de invierno, y recuerdo con claridad el día en que un hermoso milagro tocó nuestra vida. Habíamos llegado mi esposo, mis dos hijos de once y trece años y yo hacía unos pocos meses a Canadá. Como muchos otros inmigrantes, nuestra situación económica era difícil, teníamos pocas cosas, por no decir casi nada. La terrible situación de nuestro país nos había obligado a salir con las pocas pertenencias que teníamos, lo cual era prácticamente lo que llevábamos puesto, pero aun así nos sentíamos felices de estar en este maravilloso país.

Creo que mi alegría por esta nueva vida se notaba, pues a pesar de no hablar sino algunas palabras en inglés, podía comunicarme con un señor que aparentemente estaba solo. Y siguiendo un poco las costumbres de nuestro país de origen, siempre lo saludaba a pesar de no conocerlo. Algunos días me detenía a conversar con él a pesar de no hablar el idioma, yo como podía algo le hablaba de mi día en la escuela donde iba a aprender inglés y él siempre muy amable hacía lo posible por entenderme.

Un día logré comprar en las tiendas de segunda mano una cafetera, quería celebrar, al fin podía preparar nuestro café y como estaba muy feliz por esto, invité al señor a la casa a tomarse una taza de café conmigo.

El señor aceptó venir, su aspecto era muy formal, pero se veía también contento de estar compartiendo con nosotros. Apenas llegó se dio cuenta de que no teníamos muebles, así que le pedí disculpas por ello, pues solo contábamos con algunos bancos pequeños que usábamos como sillas y le acerqué uno para que se sentara. La verdad es que yo no me sentía mal, solo era feliz de poder compartir con él nuestro tradicional café. Pasamos un rato muy agradable y él se fue muy contento, (bueno, a mí me pareció).

Seguramente él estaba ya retirado, porque no iba a trabajar; sin embargo, no parecía tener dificultades económicas a pesar de tampoco vivir con lujos.

Luego de unos días de haberlo invitado a la casa, el señor se apareció con una gran sonrisa junto a mi otro vecino, y detrás de él un camión de una empresa conocida de la zona que se encarga del negocio de muebles.

Yo no entendía nada, empezaron a bajar unos muebles que llevaban para mi casa, y yo trataba de decir que no, que era un error, que nosotros no habíamos comprado ningunos muebles. El señor como pudo me explicó que él y sus amigos los compraron para nosotros. Me puse a llorar, no podía ni hablar. Ese gesto de amor de una persona que apenas nos conocía y sin más nos tendía su mano de esa manera. Realmente me sentí conmovida y muy agradecida, pues habíamos perdido todo, familia y amigos, la patria, bienes de toda la vida quedaron atrás, solo nos quedaba lo poco que teníamos puesto y lo que podíamos adquirir con el salario de mi esposo. Con dos hijos adolescentes y en un país nuevo, este gesto nos devolvió completamente la esperanza en el futuro que nos deparaba este maravilloso país, que debo decir que es grande gracias a seres como mi vecino que sin conocernos bien nos hizo más fácil el camino.

Hoy este señor, John, es un amigo tan querido que ya es parte de nuestra familia, han pasado ya siete años desde ese día y todavía cuando lo recuerdo lloro de emoción y agradecimiento a Dios, a mi amigo John y a este país maravilloso".

Punto No. 33
Dentro del corazón

> *"El infierno no está en el remordimiento,*
> *está en el corazón vacío".*
> —Khalil Gibran

Resulta un tanto inconexo reflexionar sobre cuántos lugares conocemos cuando en ocasiones desconocemos el lugar sagrado que todos llevamos dentro: el corazón. Como lo expresa Chazin: "Todo aquello que vale la pena valorar en este mundo, nace en el corazón y no en la cabeza". Es increíble pensar a veces en que nuestro corazón es de los primeros órganos que se desarrollan y de los últimos a los cuales le prestamos atención. Venimos de una escuela en la que nos dijeron que era importante razonar, cuestionar, pensar, y por ello hemos ido dejando a un lado uno de nuestros dones más preciados: la intuición, que es la señal que sentimos emitida por el corazón sin pasar por el cerebro.

Es, por ejemplo, esa sensación producida por nuestro ser, de agrado o desagrado hacia un perfecto extraño, la señal no procesada que nos indica si nos gusta o no una persona aun antes de conocerla. Si desconocemos la señal y solo nos dedicamos a conocer a la persona sin tomar en cuenta esa sensación que tuvimos al acercarnos a ella, muchas veces es posible que nuestra mente engañosa tergiverse el mensaje claro e inequívoco que nos envió el corazón. Es decir, si una persona nos causó lo que llaman "mala espina", pero nuestra mente nos llevó por razonamientos "dirigidos" a que esa persona nos guste, no pasará mucho tiempo antes de que se demuestre con hechos que esa persona no era lo que pensábamos y que habíamos sido advertidos por el corazón, quien nos envió una clara sensación de desagrado que decidimos ignorar.

Nuestra generación ha tenido la más dura labor de todas pues nos ha tocado desaprender conductas heredadas que fueron válidas de generación en generación y que hoy en día han caducado. Sumado a esto, nos toca aprender lo nuevo, lo que sí es válido en esta era e insertarlo a nuestro archivo de conductas nuevas que sí se acoplan a los tiempos actuales. Esta viene siendo una de las más importantes, el mirar adentro, el escuchar al corazón sin razonar y confiar en que esa es la señal correcta. Volver a potenciar nuestro músculo vital más poderoso: el corazón.

Debemos abrazar y recibir con fuerza la sabiduría de nuestros corazones, aprender a confiar en la intuición sin dejar que los turbios mensajes de la mente nos confundan. La labor es sanar el corazón, manteniendo la mente al margen. Confiar en lo que sentimos. Basta con hacer simples ejercicios cotidianos, para saber que llevamos dentro nuestra mejor brújula, nuestro gran maestro corazón.

Un ejercicio simple puede ser hacer una lista de las labores que debemos realizar en el día y no organizarlas con lógica, solo pedirle al corazón que nos guíe, aun cuando la mente nos dé instrucciones lógicas y precisas. Solo por un día, descartemos la mente y sigamos al corazón y evaluemos al final del día qué tal nos fue. Los resultados suelen ser sorprendentes. Pruébenlo con confianza y verán cómo poco a poco van fluyendo y convirtiéndose en uno con el corazón.

Al vivir así, se comienza a experimentar la magia de existir desde la intuición y cada día se torna en una aventura a nuestro favor, ya que estamos en sintonía con las señales que nos envía el universo. Como bien lo expresaba Antoine de Saint-Exupéry: "Es solo con el corazón que se puede ver correctamente; lo esencial es invisible al ojo".

Muchas veces reemplazamos el valor del corazón por la mente pensante, a la cual, inconscientemente en ocasiones y en otras a conciencia, dirigimos la acción que habíamos decidido tomar desde el principio, desatendiendo *a priori* el mensaje certero del corazón ya que nos enseñaron a confiar solo en nuestro razonamiento.

Así es como no escuchamos el llamado de Dios, quien, desde el corazón, nos hace llegar sus claros y precisos mensajes a través de las sensaciones. Así lo expresa la Biblia, Mateo 6:21: "Donde esté tu Tesoro, allí también estará tu corazón".

También, lo expresa claramente Paul Jean Toulet al decir: "Nada es más feroz que el corazón". J. Stephen nos ayuda a ilustrarlo así: "Lo que el corazón sabe hoy, la mente lo entenderá mañana".

Seamos profundos, curiosos, sabios, busquemos dentro de nosotros mismos, una y otra vez hasta conectarnos con nuestra más valiosa herramienta de vida, con el más poderoso de los motores: nuestro corazón, y desde allí, trabajemos hacia afuera, para que juntos, con respeto e interconectados, podamos crear un mundo más humano, más auténtico, latido a latido…

Thomas Fuller nos dice: "Ver es creer, pero sentir es la verdad". Solo aceptemos, como lo hizo muchos años atrás el filósofo Pascal, quien dijo: "El corazón tiene sus razones que la razón desconoce".

Aprendamos a seguir su dirección, con fe y confianza, solo así lograremos ser mejores y hacedores multiplicadores de los Momentos Santos que tanto requiere el nuevo mundo. Como lo expresa Cathy Morancy: "El amor no se mide por cuántas veces tocas al otro, sino por cuántas veces lo alcanzas". Y eso solo se logra, cuando se obra desde el corazón.

CAPÍTULO 8
LAS RELACIONES

"No vemos las cosas como son,
sino como somos".
—J Krishnamurti

Queremos comenzar este capítulo con una pequeña reflexión de lo que son las relaciones para nosotras.

"Hoy veo desde mi ventana la vida que se agita afuera, y me pregunto si de verdad soy ajeno a ella, la verdad no, por un motivo que no sé explicar comprendo la infinidad de conexiones que existen en la vida y que nunca es, ni será, casual que yo esté aquí, ni que tú me leas, ni que el viento vuele y la tierra exista. La complejidad de la existencia se resume a un precioso momento de infinitas relaciones donde tú y yo solo somos pequeñas porciones de un grandioso engranaje, mi verdadera naturaleza la comparto contigo y como humanidad nos movemos hacia una sociedad que en un ideal del corazón ha de ser cooperativa y sana. Mucho se ha dicho de cómo deben ser las relaciones, empecemos por entender que solo existo yo porque tú existes. El compromiso es conmigo misma a mejorar y valerme de mis relaciones significativas, entiendo que todas son importantes y que cualquiera sea su naturaleza tengo la oportunidad de integrar esa experiencia para ser mejor hoy de lo que ayer fui".

—Rosiris Fernández

Punto No. 34
El compromiso

"El compromiso no es el picante de la vida, es la solidez. Es aquello que hace grande a las naciones y felices a los matrimonios".
—Phyllis Mc Ginley

Compromiso es una palabra que es sinónimo de pegamento. Es la cola fuerte que hace que muchas cosas sean posibles y duraderas en el tiempo. Así lo expresa Vince Lombardi: "La calidad de la vida de un hombre, es directamente proporcional a su compromiso con la excelencia, independientemente de aquello a lo que elija dedicarse". Sin comprometerse, es decir, sin estar presente en cuerpo y alma en lo que sea que se esté haciendo, no hay posibilidad ni de éxito, ni de continuidad.

El compromiso es esa entrega personal, el nivel de presencia incondicional, en el cual una persona puede lograr grandes objetivos. En el plano deportivo, por ejemplo, si se trata de un deporte en equipo, el compromiso ocurre por partida doble ya que debe estar presente tanto a nivel personal como a nivel grupal. El compromiso personal es esa entrega incondicional para dar lo mejor de sí en cualquier circunstancia, y luego también al equipo, aceptando el entorno en el que le toca desenvolverse.

Es la responsabilidad total de dar lo mejor de uno mismo para lograr un objetivo, bien sea personal o grupal. Compromiso es entrega total con toda la responsabilidad que conlleva la palabra. Cuando nos comprometemos con algo o con alguien, estamos entregando nuestro ser con todos sus dones a hacer la mejor labor posible con las herramientas que Dios nos dio.

El compromiso se presenta en todas las áreas de nuestras vidas: la del aprendizaje, la personal, familiar, laboral y deportiva.

La palabra compromiso se hace esencial a la hora de formar una familia. Así lo expresa Phyllis McGinley: "El compromiso no es el picante de la vida, es la solidez. Es aquello que hace grande a las naciones y felices a los matrimonios".

Compromiso es la fuerza interior que nos permite cada día en nuestro entorno particular dar lo mejor de nosotros para seguir adelante exitosamente en cualquier ámbito y con los proyectos que queramos lograr.

Sin embargo, nuestro mayor compromiso es con nosotros mismos. Entendiendo que para salir adelante debemos ser cada día los mejores seres humanos posibles, para así comprometernos con los demás y ayudarlos a avanzar. Solo si nos comprometemos con nosotros mismos, en serio, conscientes y constantemente, seremos capaces de extender el compromiso a terceros y ser así fabricantes comprometidos de infinitos Momentos Santos.

Para lograrlo me comprometo a:

Ver a Dios en cada sonrisa.
Compartir lo que se me dio.
Ver cada mañana como una fiesta.
Ser feliz y repartir felicidad.
Trabajar en lo que amo.
Ser yo y verte a ti.
Pintar la vida desde la mirada de un niño.
No mentirme nunca.
Amar todos los seres vivientes.
Honrar la vida del anciano.
Construir una sociedad segura y feliz.
Ser mi mejor pareja.
Nunca dejar pasar un momento para hacer el bien.
Me comprometo.

¿Y tú? ¿Cómo te comprometes tú a hacer de tu vida un sinfín de Momentos Santos?

Me comprometo a… (escribe tus notas y guárdalas en un lugar en donde las puedas ver con frecuencia).

Punto No. 35
Las relaciones humanas

"Son las cosas en común, lo que hace las relaciones agradables, pero son las pequeñas diferencias las que las hacen interesantes".
—Todd Ruthman

Saber vivir con nuestras similitudes y diferencias desde el espacio del respeto y la tolerancia forma parte de las relaciones humanas. Todos somos seres humanos únicos e irrepetibles que venimos al mundo a interrelacionarnos con otros seres y a aprender importantes lecciones desde nuestras interacciones. El proceso social, es un proceso de puro aprendizaje. Cuando entramos en la sociedad comenzamos a interactuar y a crear vínculos o relaciones.

Las relaciones son de muchos tipos, como, por ejemplo, amorosas, de amistad, laborales, escolares... En fin, desde que somos pequeños nos enfrentamos a la difícil tarea de vivir en sociedad, aprendiendo a relacionarnos con otros. Nos relacionaremos con personas que no serán de nuestro agrado, con otras tendremos algo neutro y con otras nos sentiremos a gusto. Toda esta gama de diferencias representa lecciones para nuestro crecimiento personal. Generalmente, aquellas personas con las que sentimos afinidad y bienestar son aquellas que nos apoyan y nos hacen sentir bien. Sin embargo, aquellas que nos desagradan son las que nos retan, nos hacen cuestionarnos, son espejos que nos reflejan nuestros defectos, y sin duda son para nosotros grandes maestros de tolerancia que Dios nos envía para perfeccionar aspectos personales que necesitamos mejorar. Desde ese espacio, las relaciones son entonces interacciones necesarias que nos enseñan, a cada quien desde su espacio, a elevar nuestra condición de ser humano social.

Todos aquellos con quienes nos relacionamos, son oportunidades que Dios nos da para aprender más de nosotros mismos ya que todo tipo de relación, buena o mala, está allí en nuestro camino para enseñarnos algo.

Nada es fortuito, todo está allí para nuestra evolución personal. Las relaciones nos ayudan a comprender que todos estamos en este mundo juntos, interconectados, y a la vez solos. Cada encuentro, cada relación, es un maestro de luz que viene a mostrarnos el camino a seguir.

Si entendemos este simple concepto y aceptamos el hecho de que todos somos diferentemente iguales, entonces nos será más fácil abrir nuestros corazones y entender que la misión de todos, desde nuestras relaciones con los demás, es ser generadores de Momentos Santos ilimitados para poder así vivir y crear un mundo mejor.

Seamos honestos y consistentes en nuestro accionar. Así lo expresa Jeffry A. Timmons cuando dice: "Siempre haz lo que dices que vas a hacer. Ese es el pegamento y la fibra que construyen relaciones exitosas". Seamos ejemplo de nuestro mensaje desde la acción e interacción consistente con otros, entendiendo que "Extender tu mano, es extenderte a ti mismo", como escribe Rod McKuen.

Punto No. 36
Los compañeros

"Las personas especiales de mi vida, no viven en mi casa... viven en mi corazón".
—Anónimo

Cuando hablamos de compañeros, hablamos de seres que han sido parte de nuestro tránsito por la vida. Nuestros primeros compañeros son los miembros de nuestra familia, los que nos recibieron en este mundo, cuidaron de nosotros y nos enseñaron y ayudaron a crecer; y luego están nuestros compañeros de escuela, con los que aprendimos a establecer lazos de amistad, a convivir a pesar de nuestras diferencias, así como a comprender que hay personas que nos aprecian y otras que no. Ambos grupos nos enseñan qué es la tolerancia y cómo se vive en sociedad.

Hay personas con las que sentimos afinidad y ganas de compartir, y que nos aceptan tal y como somos; y esos compañeros se convierten en nuestros amigos. Aquellos que nos apoyan, valoran, consuelan, se ríen con nosotros y son incondicionales. Como lo dice Garth Henrichs: "Uno no hace amigos, uno los reconoce". Estos compañeros no siempre están a nuestro lado y, sin embargo, sin importar la distancia, siempre están en nuestros corazones y nosotros en el de ellos.

Luego pasamos a estudios superiores, al campo laboral, a la comunidad donde vivimos, al país en el que estamos, y vamos topándonos con diferentes compañeros, todos y cada uno de ellos puestos allí por Dios para ayudarnos a evolucionar espiritualmente.

Tenemos compañeros afines, personas neutrales y enemigos, y de todos y cada uno de estos compañeros de vida, aprendemos lecciones necesarias para ampliar nuestro nivel de conciencia. Nuestros amigos nos apoyan, nuestros enemigos nos hacen estar más alertas, atentos, nos ayudan a ser inteligentes y, en cierto modo, nos obligan, desde la batalla, a nuestro propio crecimiento personal. Ellos son exigentes, mal intencionados y nos ayudan a ser más agudos y perspicaces.

Los amigos apoyan, los enemigos impulsan. Con esto queremos decir que todos los compañeros de vida con los cuales interactuamos nos ayudan a comprender profundamente quiénes somos, qué queremos y a dónde vamos.

Los compañeros son maestros a mayor o menor escala y nos van mostrando el camino para ser la mejor versión de nosotros mismos. Entre los compañeros están nuestros familiares y nuestros hijos, ellos sí son nuestros compañeros más importantes. Vienen a formar parte indeleble de nuestras vidas para enseñarnos el verdadero, profundo y único significado de la palabra amor. En su gran mayoría, ellos acompañan nuestro camino desde nuestro nacimiento hasta nuestra muerte, llevándonos a descubrir un mundo de amor totalmente desconocido para nosotros antes de que llegaran a nuestras vidas. Por ello se dice que los hijos son los más grandes maestros, aprendemos desde ellos y por ellos a cuidar, amar y actuar en forma totalmente desinteresada y con el único propósito de hacer de ellos personas felices. Por ellos damos la vida, un brazo, una pierna, lo que sea para que estén bien. Son los compañeros que nos hacen madurar, entender el sentido profundo de la responsabilidad y son la extensión de nuestra felicidad. Son los compañeros que les dejamos a las generaciones futuras, formados desde el amor profundo y con una conciencia elevada para compartir sus aprendizajes de vida y hacer del mundo en el que les toque vivir un lugar mejor. Para ello, les enseñamos que cada uno desde su espacio y con sus competencias, debe hacer lo que pueda y deba por los otros compañeros, para que todos juntos, y cada quien por su cuenta, sean generadores de Momentos Santos.

Punto No. 37
Cómo percibimos a los demás

"No se vive para complacer a los demás,
así que acéptame como soy".
—Anónimo

Las funciones de nuestra personalidad que nos desvían del amor no deben considerarse nuestras faltas, sino nuestras heridas. Dios no desea castigarnos, lo que desea es sanarnos. Es así como Él quiere que veamos los errores de los demás: como sus heridas, no como su culpa.

Quizás la mejor pregunta sería ¿cómo nos percibimos a nosotros mismos. Lamentablemente ambas percepciones van a carecer de verdad. Nuestros sentidos nos engañan todo el tiempo, no porque estén malos, sino porque los utilizamos como un filtro de nuestra propias sensaciones, emociones y pensamientos. Pareciera que lo que sucede afuera es lo que me hace pensar o sentir algo, pero en realidad lo que percibimos no tiene ninguna connotación hasta que nosotros se la damos. Y esta valoración la vemos positiva o negativa, reaccionamos ante la persona o circunstancia de acuerdo con lo que hay dentro de nosotros: si hay muchas heridas, será muy fácil ofendernos o sentirnos mal por algo que alguien dijo o hizo; y si, por el contrario, estamos con una salud emocional y mental sana, es probable que la persona no pueda hacernos sentir mal ni mucho menos hacernos sufrir.

Sin embargo, es muy difícil encontrar a alguien que no tenga heridas en su ser, la mayoría de las personas están llenas de momentos tristes o situaciones difíciles que les quedan grabadas en el alma; y cada vez que están en contacto con una situación similar, sufren como si estuviera sucediendo en ese mismo momento.

Entonces, ¿cómo percibimos a los demás y nuestra relación? Muy sencillo: desde lo que somos nosotros mismos.

Por ello, debemos ver a los demás como nuestros mejores referentes de lo que nosotros tenemos en el alma, y en cuanto a qué nos hace daño y qué es lo que sucede, no tiene en realidad nada que ver con el otro sino con cada uno de nosotros.

Un día cualquiera nos encontramos con esa mirada del aquel señor que casualmente pasó y la sentimos dura, entonces pensamos, qué le sucede, por qué me miró así, y empezamos un diálogo interno de rechazo y así continuamos. Luego, cuando llegamos al trabajo, el compañero pasa apurado y apenas nos mira, pero ya estamos listos para poner más basura al bote y continuamos pensando que la gente nos odia, que quizás algo malo hay en mí o en el otro. Así, llega la tarde y en la reunión de trabajo alguien hace un chiste o un comentario sobre nosotros y nos ponemos muy molestos, expresamos nuestro disgusto y reaccionamos con mucha violencia, todo porque nos sentimos mal. De esta manera poco a poco se va cargando la persona de pequeñas ofensas que aparentemente hacen en su contra.

En el libro *Un Curso de Milagros* escriben: "La mente del alumno proyecta su propio conflicto y, por lo tanto, no percibe consistencia en las mentes de los demás, lo cual le hace sospechar de las motivaciones de estos".

Entonces, cuando vemos que el otro nos hace algo, no es sino lo que nosotros tenemos en nuestra propia mente.

Sucede igualmente a la inversa en las relaciones con el otro. Es decir, la persona con la que nos relacionamos reacciona molesta, nos dice un comentario fuera de lugar o nos aleja de su vida sin un motivo aparente, es la herida de la misma persona la que se activa por algo que nosotros dijimos, solo que nunca estuvo en nosotros la intención de molestar.

También están las relaciones con personas que conocen bien las heridas de cada quien y se dicen o hacen las cosas para producir dolor o molestia, lo cual saben de antemano que se va a activar en el otro. Pero esta conducta solo muestra que las dos personas se relacionan desde los niveles del dolor y por eso se hacen daño mutuamente ignorando el dolor de cada quien. —Porque no pienses que, porque sabes cómo hacer sentir mal a otro y lo haces, estás en mejor posición que él—. No, solo se hunden ambos en el mismo problema, donde la única salida es el darle al otro lo que necesita para que esta herida sane, y esto es un poco de amor y compasión, porque, como ya vimos, las ofensas son un llamado a que nos amen. Esto requiere de un profundo trabajo personal para moverse desde la necesidad del dolor y el drama hacia otros niveles del entendimiento.

Cuando nos damos al otro, estamos entendiendo su necesidad y le ofrecemos compasión, aceptación, seguridad y paz. Debemos confortarlo, siendo que es eso precisamente lo que nosotros necesitamos.

Es decir, si queremos recibir aceptación, respeto, seguridad, confianza, amor o compasión, la única forma de obtenerlo es dársela a los demás. Existe una igualdad entre el tener y ser, es así que "solo puedo dar lo que soy".

De esta manera, podemos ver que cuando permitimos que nuestro ser sea elevado, es el espíritu divino el que interpreta la situación que no entendemos, le damos cabida a nuestra propia sanación y a la del otro. Estamos creando en ese instante un Momento Santo para nosotros y para el otro.

La percepción de cómo vemos a la otra persona, solo puede ser cambiada desde una realidad verdadera, la cual no se encuentra nunca en el mundo de las percepciones, sino en el mundo del Espíritu, en donde los juicios no existen y la verdad es lo que impera; por lo tanto, se restituye la sanidad mental y emocional de la persona a través de esta visión más elevada: la visión del Espíritu.

Punto No. 38
Nuestro cuerpo

"Las lámparas son distintas, pero la Luz es la misma, procede del más allá. Si sigues mirando a la lámpara, estás perdido, pues de allí emana el número y la pluralidad. Fija la mirada en esa Luz y así saldrás del dualismo inherente al cuerpo finito. Los creyentes son muchos, pero su fe es Una, sus cuerpos son muchos, pero el alma es Una".
—Rumi

El cuerpo, ¿templo del alma y el espíritu?

La imagen del cuerpo como templo siempre la hemos escuchado, pero ¿alguna vez nos hemos detenido a pensar en el verdadero sentido de estas palabras? El templo es el lugar donde reside algo sagrado, algo que, sin él, perdería su sentido pues fue hecho para que el Ser sagrado que lo habita haga uso de él. Si no estuviera el espíritu allí, el templo no sería nada más que una montaña de materia inerte, ni siquiera existiría la materia, mas el Espíritu existe aun cuando no haya un cuerpo o templo.

El más grandioso templo con todo su oro y riqueza arquitectónica no vale nada si no está imbuido por la energía que le da vida, la energía que le va a dar sentido a cada parte del templo.

Esa maravillosa presencia precisa de un cuerpo preparado adecuadamente para recibirle y darle mayores posibilidades de expresarse.

Cuando podemos lograr grandes avances y éxitos en las áreas físicas, material y social, nos enfocamos solo en la fachada, en los adornos del cuerpo y quizás nos veamos muy bonitos, pero no seremos más que eso, hermosos objetos inútiles que con el paso del tiempo nos iremos deteriorando y cayendo a pedazos sin que se pueda hacer nada para evitarlo.

Las personas que se dedican solo a cultivar la parte material de su ser logran grandes avances y éxito en el área en que se enfocan; sin embargo, estos logros son muy vulnerables porque siempre van a depender de cosas externas que den valor y realcen a esas personas, cuerpos o circunstancias. Las personas enfocadas de esta manera en lo material, se hacen esclavos de los elementos necesarios para mantener el goce que le dan a ese cuerpo.

Así, hay personas absolutamente obsesionadas en cómo lucen y se hacen hasta las cosas más crueles y dolorosas para obtener un cuerpo hermoso. La persona busca esa transformación porque no es aceptada, y se somete a dolorosas operaciones olvidando que el cuerpo que tiene le fue dado para que cumpliera exactamente el propósito para el que fue creado, el cual va más allá de la simple percepción de lo que la persona cree ser.

Otros son adictos a las sensaciones que el cuerpo genera y entonces se hacen adictos al sexo, la comida, etc.

Estas personas olvidaron para qué estaba hecho el cuerpo y que su función está en servir al Espíritu para que se exprese aquí, en el mundo material. Pero el Espíritu no necesita del cuerpo. De alguna forma, si el cuerpo no se espiritualiza, se convierte en una prisión para el Espíritu.

Ahora bien, no hay nada malo en cuidar y mantener un cuerpo limpio y bello, esto también es deseable y así debe ser tratado, con amor y cuidado, ya antes hablamos de la importancia de la salud del cuerpo.

Sin embargo, estamos tan equivocados que sentimos que nuestra seguridad está en el cuerpo y lo tratamos de preservar a cualquier coste para mantenerlo joven y bello. Así, nos ocupamos pensando en el cuerpo sin preocuparnos de cultivar el espíritu, lo que nos impide darnos cuenta y reconocer que a través de las experiencias de nuestros cuerpos ya somos eternos y portadores de una fuente de perfección absoluta.

Cuando se produce esta identificación tan grande con el cuerpo, creemos que somos eso, un cuerpo y nada más, y por supuesto nos asusta si vemos cómo el cuerpo se deteriora tan fácilmente y pensamos que estamos condenados a perecer. El miedo a perder nuestro cuerpo se apodera de nosotros y es cuando empezamos a recurrir a todo tipo de cosas para tratar de preservarlo y de salvarlo.

Pero, como dijimos anteriormente, solo elevando el cuerpo al Espíritu podemos hacer del cuerpo algo realmente útil mientras dure el tiempo de vida en esta materia. Mientras más elevamos el espíritu, más sutil se hace nuestro cuerpo y más ligeros nos vamos haciendo. ¿Cómo espiritualizar? ¿Cómo vamos haciendo más sutil esa densa materia? Pues a medida que vamos *siendo* más paz, más amor, estamos más felices y serenos porque sabemos que el miedo no es la verdad, sino que el amor es la verdad. De este modo, el amor nos habrá salvado, lo cual incluye también el amor por el cuerpo que nos fue dado.

El amor es tu seguridad, identifícate con el amor y estarás en tu verdad. Continúa por la senda del espíritu y acompaña a tu hermano para que camine contigo la misma senda. Identifícate con el amor y hallarás tu ser.

Rosiris habla acerca de sus experiencias con la salud

"Mi experiencia personal con el cuerpo ha sido puesta a prueba muchas veces. Mi cuerpo ha sido escenario de muchas batallas por la salud y lo que pude aprender a través de esos momentos, es que mientras miraba mi lámpara, el cuerpo —como lo llama el poeta Rumi— con temor a perderlo, más débil era la luz que lo alimentaba y más difícil y más esquiva se hacía mi salud. Solo con el trabajo de sosegar mi mente para poder ver la luz y confiar en la vida que me sostiene, a partir de allí, de esos lugares, pude encontrar la salida y mantener la salud en mi cuerpo, un cuerpo que sirve a los propósitos del espíritu y que honra la vida a través de actos de amor, disfrutando todos los momentos que la vida me da. Pero también reconozco que sin esos momentos de angustia y dolor, quizás nunca hubiera comprendido mi verdadera naturaleza espiritual".

Punto No. 39
La verdadera amistad

"El secreto no es correr detrás de las mariposas…
es cuidar del jardín para que ellas vengan a ti".
—Mario Quintana

Amistad es una palabra tan grande que solo puede ser sinónimo de amor. Los amigos verdaderos son esas almas idénticas a las nuestras que habitan un cuerpo distinto y comparten el mismo corazón. Los amigos son esos familiares que elegimos a la medida de lo que nos hace felices. Son esos seres incondicionales que nos apoyan porque sí y nos quieren porque sí. Como lo expresa J. Boccace: "La amistad merece mucho respeto y valoración, pues es la amistad lo que crea y alimenta los sentimientos más hermosos de generosidad de los cuales el corazón humano es capaz". Aristóteles lo describe aún mejor: "¿Qué es un amigo? Una sola alma que vive en dos cuerpos".

Creemos que de las relaciones que vamos haciendo por la vida, la amistad es una de las más valiosas. Aparte de la familia, los amigos son quienes más nos dan su apoyo incondicional e incuestionable. Y concordamos con Ralph Waldo Emerson cuando dice: "Un amigo bien puede ser reconocido como la obra maestra de la naturaleza".

Un amigo verdadero es alguien con quien te sientes tan a gusto como contigo mismo. Cícero lo expresa así: "Un amigo es y fue un segundo yo". El amigo verdadero es la extensión de nosotros mismos, por quien lo damos todo. ¿No daríamos todo por nosotros mismos? Del mismo modo lo haría un verdadero amigo. Es como tener una roca, un pilar, un ser que nos ayuda incluso cuando nosotros mismos no podemos hacerlo. Es un ser que nos ama, nos valora y cree en nosotros, aunque nosotros no lo hagamos. Sin embargo, este tipo de relación no es fácil de obtener. Hay quienes pasan su vida entera sin conocer el tesoro de tener un amigo de verdad.

La amistad es un lazo que se cultiva a lo largo de los años y que una vez establecido nadie logra deshacer. Como lo expresa George Washington: "La amistad verdadera es una planta de crecimiento lento". De igual forma, Elizabeth Foley amplía el concepto al decir: "El descubrimiento más hermoso que hacen los verdaderos amigos, es que pueden distanciarse sin separarse". Y eso es así, porque en la amistad verdadera se respeta, se acepta al otro tal y como es, sin cuestionar, y se deja ser al otro para que se convierta en la mejor versión de sí mismo.

Entendiendo el concepto de amor y respeto infinito que existe en la amistad verdadera, siempre debemos traer a la luz el hecho de que, para ser amigos de otros, debemos comenzar a tratarnos a nosotros mismos como nuestro mejor amigo. Es curioso, pero en ocasiones solemos ser muy buenos amigos de los demás y pésimos amigos de nosotros mismos. A nuestro Yo debemos entenderlo, aceptarlo, ayudarlo, ser condescendiente con él y en ocasiones duro, debemos tratarlo con firmeza cuando la ocasión lo amerita, pero igualmente debemos consentirlo, porque hay un solo Yo, y nadie puede tratarnos mejor que nosotros mismos. Y si internalizamos profundamente ese concepto, entonces lograremos ser más humanos y a la vez podremos ofrecer lo mejor de nosotros a nuestros amigos del alma y a todos aquellos que compartan de alguna manera el mismo espacio que transitamos. Y en la medida que entendamos así la vida, seremos mejores personas y estaremos dotándonos con herramientas para generar los Momentos Santos que tanto necesita nuestro convulsionado mundo de hoy.

Seamos más amigos y mejores personas, ya que como lo dice H. G. Bohn: "La amistad multiplica las alegrías y divide las penas". Sin perder de vista el concepto de la Biblia, Eclesiásticos 6:16 que dice: "Un amigo fiel es la medicina de la vida".

Punto No. 40
El don del matrimonio

"Y te fui queriendo de a poquito, con calma y precaución, hasta que te conocí bien y decidí quererte como yo quiero, intenso, con el alma, con mi vida, con todo mi ser".
—Anónimo

Tal vez la manera más sencilla de experimentar lo divino, es a través de las relaciones. Pocos son los que conocen que la función del matrimonio es dejar de lado el aislamiento y la desigualdad y ser uno con el otro.

El matrimonio es un don porque es dado por el Espíritu Santo.

Cuando nos referimos a un don, siempre está entendido que no tuvimos que hacer nada para conseguirlo, nos fue dado por algo más grande que nuestra voluntad, nos fue entregado porque a través del don del matrimonio debemos experimentar aspectos importantes para nuestra evolución.

Entonces, aquellos a quienes se les dio el don del matrimonio, deben empezar a buscar el significado que esto tiene en su existencia.

Para empezar, vemos que en todas las culturas el matrimonio se celebra con una ceremonia o ritual en la que a través del voto se unen dos personas y juran acompañarse, amarse, respetarse y cuidarse para siempre, en las buenas y en las malas. En fin, de alguna manera la persona con la que nos casamos pasa a ser parte nuestra y es allí donde reside el origen de todo.

Lo primero que el matrimonio nos recuerda es el concepto de unidad, nos hacemos uno con el otro. Claro está, esta condición a nivel espiritual ya existe, es como si a través del matrimonio se reconociera ese lazo que ya está allí. Algo que no se puede negar, porque es la verdad, nuestra unidad con los demás.

Entonces empezamos una nueva vida en la que su función principal es recordarnos que nuestra pareja y nosotros somos realmente uno. Es un regalo que se nos da, una gran oportunidad de mantener esa unidad.

Imaginen un mundo donde no existiera el matrimonio, sería algo muy frío e individualista donde cada quien viviría solo en una sociedad que restaría importancia a la función principal del ser humano que es aprender a convivir y a respetar al otro a través de la experiencia de la convivencia.

A través del matrimonio podemos elevarnos y mirar a nuestro compañero como nosotros mismos; experimentando la fusión no solo a nivel sexual, sino como una verdadera experiencia al sentir que lo que le hacemos a nuestro compañero, nos lo hacemos a nosotros mismos, y en este nivel de unión no podemos sino querer lo mejor para el otro. Es volver a aquel principio de que lo que hacemos por el otro realmente nos lo estamos haciendo a nosotros mismos.

Sin embargo, sucede casi siempre así, las personas se casan enamoradas pero ese amor no es de este que hablamos, ese amor está lleno de demandas hacia el otro más que de deseos de hacerlo feliz. Es un amor regido por las personalidades, con toda la carga de problemas que cada quien lleva a la relación, y le presenta al otro, por así decirlo, el paquetico de sus necesidades. Esto hace la convivencia muy difícil y miserable, y lejos de experimentar unión, se vive una relación con mucho dolor y rabia. Es terrible. Los dos se vuelven unos extraños y, contrario a lo esperado, empiezan a sentir que no tienen nada en común, se distancian y acumulan mucho rencor por el otro.

Los demonios y las sombras de nuestras personalidades oscurecen la realidad. Para muchos, enfrentar las formas destructivas que llevamos dentro les cuesta mucho, reconocer que nuestras heridas duelen, y para ello, prefieren pensar que lo malo está en el otro y es quien quiere dañar ese gran amor, no vemos la propia angustia y es de este modo se va amargando el sabor dulce de los primeros encuentros. ¿Adónde se fue la princesa o el héroe con quien nos casamos?

Bueno, lo que sucede no es totalmente malo, hay que ver esos momentos como la oportunidad de saber que tanto uno como el otro tienen muchas cosas difíciles en sus personalidades, que no resultan fáciles ni siquiera para ellos mismos. Pero hay algo detrás de esa personalidad, algo hacia lo que nos sentimos muy atraídos, algo que ya vimos antes, porque cuando nos enamoramos vemos por una fracción de segundos a la verdadera persona, a su ser real, y por eso inicialmente nos sentimos cautivados, vimos su luz y todos sus bellos colores, eso es lo que amamos. Pero luego esto se pierde y damos paso al dolor, vemos algo diferente y lo que nos es mostrado no nos gusta. Pero es que dejamos de verlo como lo que es, para verlo como lo que pretende ser o lo que nosotros pretendemos que sea y allí, por supuesto, no hay forma de tener un encuentro, solo culpas.

Si volvemos al principio, *el verdadero valor del don del matrimonio es mantener la unidad*, no existirían relaciones abusivas ni oprimidas.

Si vamos más allá de la personalidad y pudiéramos siempre ver con la luz de la verdad, el resultado sería como si quisiéramos regalarle a nuestra pareja cada cosa que sabemos que la hace feliz.

Los problemas siempre van a estar allí, pero si nos escuchamos de verdad, si tenemos la intención de arreglar las cosas, porque nuestra pareja nos importa más que el problema que tenemos, si la valoramos más que la discusión de quién gana o no, el resultado sería de comprensión mutua. Lo triste es que quien "gana" en un problema o discusión, poniendo su fuerza, manipulando y afirmando solo su punto de vista, ha perdido cada día más a su amor.

Es así, que ganar una pelea no es una victoria. Confiemos siempre en la guía de nuestro corazón. Ganamos a través de una relación abierta y franca, —siendo que franqueza no es decir cosas que hagan daño— se gana cuando no hay pensamientos negativos ni agenda secreta contra el otro, cuando llegamos a nuestra pareja con el corazón abierto y dispuesto a dar lo necesario para que seamos felices los dos. A través de nuestra pareja nos reconocemos a nosotros mismos y nuestra necesidad innata de ser felices.

Entonces el don de matrimonio nos recuerda que estar juntos no es más que una grandiosa oportunidad para agradecer a nuestro amor la oportunidad que nos da de crecer cada vez más como ser humano, como un SER.

Como lo expresa bellamente Hugh Prather: "Dado que todas las mentes están comunicadas, un pensamiento feliz, tranquilo y de perdón se expandirá por sí mismo en todas las áreas de un matrimonio. Nada puede interponerse a esta expresión. Aceptar la plena responsabilidad de todo, rechazando toda culpa, es verdadera humildad y marca el comienzo seguro hacia un buen matrimonio".

CAPÍTULO 9
LA SANACIÓN

"La cicatriz es el lugar por donde entra la luz".
—Rumi

En este capítulo, dedicado a la sanación, hemos tomado puntos que están relacionados con la salud, tanto física como emocional, así como también con la forma en que nos alimentamos, cómo nutrimos nuestro ser, incluyendo comida sana, buenos pensamientos etc. Pero también hemos querido incorporar la educación de los hijos como pilares de la sociedad futura sana y feliz, y el respeto a los mayores como herencia sagrada que debemos honrar para conectar con lo que realmente somos y florecer desde nuestra propia individualidad.

Ningún organismo puede estar sano si todos sus componentes no están sanos, los niños y los adultos mayores son el principio y final del cuerpo sagrado de la vida.

En el trayecto hemos hablado de buscar de una manera u otra el amor y la paz en nosotros, en nuestras relaciones y, en general, en todos los ámbitos de la vida. Este proceso de encuentro con lo más elevado de nosotros, con el despertar de ese Ser auténtico que somos, nos eleva necesariamente a un proceso de sanación, la cual es el resultado de una revisión de todas nuestras actitudes, pensamientos y acciones, de nuestra actividad en todos los espacios de la vida, nuestros pensamientos en general y nuestro desempeño en todo.

Queremos sentirnos plenos, abundantes y felices, pero hemos sepultado todas las emociones positivas en una inmensa cantidad de creencias que, en lugar de alimentar el fuego sagrado del corazón, lo llenan de veneno. Hemos apagado la llama de ese amor en las oscuras arenas del rencor, el resentimiento, la rabia y el dolor. La identificación con la cosa o la persona, y no con la esencia de lo que vemos, la interpretación errada del evento, de la palabra que percibimos amenazante, enferma todos nuestros vehículos para la vida —mente, cuerpo, alma—, la cual no es posible vivir plenamente si el corazón está enfermo. Hemos perdido la sanidad, hemos perdido la cordura y la coherencia.

La prevalencia de nuestras percepciones, la validez inestimable de nuestras creencias, han envenenado cada uno de nuestros vehículos, ya no podemos pensar amorosamente, sentir amorosamente y vivir con amor, el cuerpo nos duele y está enfermo. Ya no podemos sentir con el corazón, el veneno del resentimiento detuvo el pulso de la divinidad y dio paso a un ritmo caótico de movimientos divagantes que van del amor al odio y viceversa con una velocidad impresionante, dependiendo siempre de la circunstancia que estemos experimentando y si esta situación se adapta o no a lo que estamos esperando.

La gran sanación lleva entonces una condición sin posibilidades de eludir: el perdón. La palabra perdonar viene del prefijo *pre*, que indica "acción completa" y *donare* que indica "regalar". Realmente en su origen, el verbo perdonar significaba "regalar definitivamente a mi acreedor", al deudor, aquello que nos debía.

Entonces, hemos olvidado totalmente el significado de la palabra y el propósito para lo que fue inventada. Las palabras nacen de una necesidad y, en el caso del perdón, esta necesidad reside en darle al otro lo que pensamos que debe darnos y no lo ha hecho; pero si le damos el perdón, le estaremos dando exactamente lo que nos adeuda, le estaremos dando algo que evidentemente el otro cree carecer, y como nosotros sí estamos en capacidad de darlo, se lo otorgamos y así el otro puede donárnoslo de regreso. Por eso es que cuando perdonamos, es a nosotros mismos a quien realmente beneficiamos. Partamos de que la persona no puede dar aquello que cree no tener, bien sea material o emocional, es lo mismo. Si no perdonamos, esperando que el otro haga algo para remediar el problema, se forma un círculo donde es imposible avanzar y por eso nos vamos enfermando. Cuando perdonamos, solo nos estamos dando a nosotros mismos la capacidad de tener de vuelta lo adeudado, y entonces, solo entonces, tenemos otra vez el balance, estamos completos. Nuestra salud depende entonces de dar al otro lo que tenemos demás y así se reestablece el balance en ambos lados.

Si estamos llenos de rencor, no tenemos espacio para recibir lo que nos están devolviendo. Debemos vaciarnos, y a través del perdón es la única manera.

La sanación entonces no es un proceso físico como lo es curar. Si bien puede ir acompañada de un proceso de curación, entendiéndose como una manifestación física, la sanación es un proceso espiritual donde se devuelve a la conciencia, al alma y al corazón su unidad y su integridad. Al sanar, la visión de la totalidad es posible.

Sanar sanando... Enseñar aprendiendo... Vivir muriendo.

Si, muriendo en todas las falsas percepciones y creencias que nos enfermaron para de esa manera dar paso a la nueva vida.

Punto No. 41
Comida sana

"El cuerpo es sencillamente parte de tu experiencia en el mundo físico. Se puede exagerar el valor de sus capacidades, y con frecuencia se hace. Sin embargo, es casi imposible negar su existencia en este mundo. Los que lo hacen se dedican a una forma de negación particularmente inútil".
—*Un Curso de Milagros*

Toda experiencia es una decisión de la mente; el cuerpo es parte importante de nuestra experiencia, mantener este cuerpo requiere de muchas actividades y la comida es parte esencial de la vida. Si no comemos podemos morir, e incluso las personas que tienen mala alimentación en sus primeros años, pueden desarrollar enfermedades que no les permitirán el completo desarrollo de sus facultades intelectuales.

De tal forma, la comida es fuente de energía para nosotros de la misma manera que lo es el sol, el aire, el ejercicio, las palabras, la oración y los pensamientos. Pero aun cuando todos estos son fuente de energía, aquí nos vamos a centrar en la fuente de energía que procede de los alimentos.

Existe una gran variedad de enfoques con respecto a lo que es bueno o saludable para el organismo.

Se han desarrollado infinidad de sistemas que aseguran ser la mejor vía para obtener de los alimentos lo necesario para mantener un cuerpo saludable y, por consiguiente, lleno de energía.

Así como hablamos de los lugares y su relación con el ambiente, nuestra relación con la comida está muy vinculada al lugar donde vivimos, la cual estará definida por el tipo de clima y los productos que se producen en la zona.

Parecería natural que en base a esto nos alimentemos fundamentalmente con productos que se cultivan o producen en la localidad donde vivimos. La forma de prepararlos también está muy relacionada al lugar y la cultura; pero lo que resulta esencial, es la función de los alimentos como sostén de los nutrientes para la vida.

Entonces, ¿a qué llamamos una alimentación sana?

A pesar de las diferencias individuales de las personas o las preferencias acordes a creencias, posturas religiosas, etc., pareciera que lo más saludable para cada quien, es aquello que su mismo cuerpo le está diciendo que le sienta bien o no. No existe mejor guía para conocer aquello que es fuente de salud para nosotros y lo que no lo es que el propio cuerpo. Debemos aprender a escuchar las señales que nos envía nuestro cuerpo cuando algunos alimentos nos quitan energía y nos van desgastando, o en algunos casos produciendo enfermedades, así como a identificar aquellos que nos aportan mayor bienestar.

Saber identificar lo que necesitamos parecería algo natural pero no lo es, ya que de ser así no habría tantas personas padeciendo trastornos por la ingesta de alimentos que los han llevado a la pérdida de la salud y aun con esa información siguen siendo consumidos conscientemente.

Es importante tener en cuenta la relación que tenemos con la comida, así como comprender que la comida también nos ayuda a estar más tranquilos y saludables cuando la tomamos con la debida santidad que ella conlleva. En este sentido, debemos ver todos los actos de los hombres con la santidad que encierran. Es así, que todos nuestros actos tienen dos aspectos: material y espiritual, y por tanto la comida es también un acto sagrado. Esta, como el sexo, el trabajo, la diversión y el sueño son momentos excepcionales que tenemos para acercarnos más a toda la divinidad que reside en la vida.

Cuando se piensa en el alimento y lo que él hace a la persona, la energía que está contenida en él, es decir la vida que está en toda forma de vida, nos damos cuenta de la importancia del alimento, su propósito, y ese propósito, como el nuestro, es sagrado. Agradezcamos de manera verbal al alimento que nos nutre, comámoslo con el respeto y la función que cumple en nuestros cuerpos. Esta es una tarea necesaria para que la relación de nuestro cuerpo, los alimentos y las emociones esté balanceada.

La relación que se establece entre el cuerpo y el alimento que nos nutre, es recíproca, por ello hay que tratarlo con respeto, además de que la función que cumple el alimento en nosotros es tarea necesaria para nuestro cuerpo. Ambos, los alimentos y nuestras emociones, deben estar balanceados, y es con nuestra consciencia que guiamos esta relación, somos el nexo de comunicación, el puente entre un mundo y el otro. El reino vegetal y el reino animal tienen un propósito y una esencia que los caracteriza. El reino humano tiene otro, pero todos los reinos se necesitan.

También los alimentos deben ser los más naturales posibles, no es nuestro trabajo hablar de las dificultades de consumir alimentos altamente elaborados con productos químicos nocivos para nuestra salud. Pero es importante señalar aquí que este factor ha de ser considerado también.

Entonces, empezar a comer sano estaría influenciado por la forma en que nos aproximamos al alimento.

Dependiendo de la persona, debemos comer siempre aquello que nos siente mejor. Sin embargo, hay algunos alimentos que parecen ser de gran ayuda para las personas y las mantiene más felices, con mejor estado anímico. Es importante mantenerse alerta sobre cuáles son estos alimentos para consumirlos con mayor regularidad. Comer ayuda a mantener la mente despejada y más abierta, reforzando el espíritu.

Vale decir también que parte de una buena y sana alimentación incluye un período de ayuno cada cierto tiempo. Este le permite al cuerpo hacer su propia limpieza y así mantener mejor el funcionamiento de todos los órganos.

"La comida que comas puede ser la más poderosa forma de medicina o la forma más lenta de veneno", escribe Ann Wigmore.

Es evidente que una alimentación equilibrada es un complemento ideal para ser más feliz y alimentar el espíritu. No obstante, todo debe ser consumido con moderación, siguiendo una dieta sensata y con sentido común y siempre acompañada de una actitud positiva hacia la vida, ya que el momento cuando comemos también es un Momento Santo.

Punto No. 42
La educación de los hijos

> *"La mayor ayuda para la educación*
> *de los adultos son los niños".*
> —Charlie T. Jones y Bob Phillip

"Todo adulto necesita un niño a quien enseñar; esa es la forma en que los adultos aprenden", expresa Frank A. Clark.

Comenzamos con esta cita para reafirmar el concepto de que nuestros hijos son nuestros más grandes maestros. No hay manuales para padres, aprendemos por intuición, por ensayo y error, pero siempre dirigidos por el corazón a llevar a cabo la tarea más importante de nuestras vidas: educar a nuestros hijos.

Siempre hemos pensado que Dios usa a nuestros hijos como una poderosa herramienta que nos ayuda a comprender el verdadero significado de la palabra amor, amor del puro, del bueno, del que no busca interés alguno más que el de ver al otro feliz. Nuestros hijos nos ayudan a comprender a plenitud el amor. Sin embargo, debemos ser muy cuidadosos al educar en estos tiempos ya que nos ha tocado aprender a ser padres en una etapa particular en la que debemos descartar antiguos paradigmas que anteriormente eran válidos para nuestra educación, la de nuestros padres e incluso la de nuestros abuelos.

El primer paso es desaprender y descartar aquello que ya no es válido, tomando en cuenta que vivimos en un mundo muy diferente hoy en día. Partiendo de este principio, nos toca descartar métodos obsoletos para incluir formas válidas y cónsonas con los nuevos tiempos que vivimos. Por ende, la educación de nuestros hijos ha de ser muy distinta a lo que una vez fue.

Los avances tecnológicos nos han arrastrado a todos a una realidad diametralmente opuesta a la que teníamos nosotros de niños. Los intereses han cambiado, la forma de vivir e incluso la manera de comunicarnos no es la misma. Es importante comprender que el mundo es otro para poder adaptarnos y lograr educar a nuestros hijos de manera que abracen esta nueva forma de vivir y tengan las herramientas necesarias para luchar solos.

Es maravillosa esta reflexión de Kalhil Gibran sobre su visión de los hijos:

"Tus hijos no son tus hijos
son los hijos e hijas de la vida
queriendo desarrollarse...
podrás cobijar sus cuerpos
pero no sus almas.
Pues sus almas viven en la casa del mañana,
la cual no puedes visitar ni siquiera en sueños".

Educar a nuestros hijos es entender que son un préstamo, que no son nuestros, que pertenecen a la vida y que deben aprender a ser autónomos, y nosotros a desapegarnos de ellos "en el buen sentido", para que puedan desarrollar todo su potencial y brillar con luz propia. Como lo expresa Hodding Carter: "Deberíamos dar a nuestros hijos raíces y alas".

Deben conocer, amar y respetar sus orígenes, sean cuales sean, pues eso es lo que ellos son y quienes son, pero también deben saber cuándo abandonar el nido y volar hacia todo lo que la vida les tiene reservado. Ese es el tipo de amor válido, el que nutre, permite el desarrollo y luego deja ser. Para ello, debemos dejar que caigan, se lastimen, aprendan, pues aún no hemos visto a nadie aprendiendo de golpes ajenos. La vivencia, la experiencia, es aquella que realmente enseña. Como lo dice Ghandi: "Los padres sabios permiten que sus hijos se equivoquen. Es bueno que de vez en cuando se quemen los dedos". Así, y solo así, aprenderán a respetar al fuego desde su experiencia propia. Sin embargo, siempre debemos usar para educar a nuestros hijos la principal, única, y siempre vigente herramienta: el amor. Así lo expresa Eleanor Roosevelt: "Dar amor es en sí una importante manera de educar".

Además del amor, parte esencial de educar es dar el ejemplo, ya que los niños no aprenden de lo que se les dice, ellos copian conductas. La forma en que nos comportemos será la que defina para ellos lo que es normal. Es por eso que debemos cuidar nuestra conducta. Como lo dice James Baldwin: "Los niños nunca han sido buenos haciéndole caso a sus mayores, pero siempre los han imitado". Padres, cuiden sus actos pues ellos serán copiados. Joubert lo expresa así: "Los niños necesitan más modelos que críticos".

A la hora de educar, también debemos tomar en cuenta el rol de la experiencia, que es la maestra de vida con la cual todos contamos. Ella engloba lo que vivimos, nuestros errores y nuestros aciertos. E. Gibbon lo expresa así: "Todo hombre recibe dos tipos de educación: aquella que viene de los demás y la otra, mucho más importante, la que él se da a sí mismo".

También debemos inculcarles el importante concepto de libertad que trae consigo la educación. Epictetus decía: "Solo los educados son libres". La educación libera la mente al nutrirla y permitirle elegir sus propios lineamientos de vida y verdades. Así lo expone Malcolm Forbes: "El propósito de la educación, es reemplazar una mente vacía por una abierta".

La educación nos muestra caminos y nosotros nos vamos haciendo el nuestro. Broughan lo expresa así: "La educación hace que la gente sea fácil de guiar, pero difícil de manejar, fácil de gobernar, pero imposible de esclavizar". Ese es el enorme poder de la educación, ella nos hace libres.

Podríamos concluir que la educación está compuesta de múltiples elementos de peso que se deben ir inculcando con el fin último de que cada quien descubra el don especial que Dios le dio para hacerlo brillar y enfocarse para hacer lo mejor que pueda llegar a ser.

Rabelais decía: "Un niño no es un jarrón que debemos llenar, sino un fuego que debemos encender".

Punto No. 43
Respetar a los mayores

"Seguramente dos de las experiencias
más satisfactorias de la vida
son ser abuelo o ser nieto".
—Donald A. Norberg

Iniciemos esta parte diciendo como una vez dijo el escritor colombiano Gabriel García Márquez: "Mi abuelo ha sido la persona más importante de mi vida. Desde entonces no me ha pasado nada interesante".

Es fácil entender estas líneas cuando hemos tenido la dicha de vivir con magníficos abuelos en la infancia y juventud. Y, gracias a ellos, poder comprender a la luz de los años, lo positivo e importante de la presencia de los mayores en la crianza y la vida en general de la familia y la sociedad.

La mayoría de los abuelos son personas sabias, con una visión de la vida más amplia o quizás con menos expectativas falsas de lo que deben ser las cosas. Tienen una profunda capacidad de entender las situaciones de la vida y saben, por propia experiencia, que no hay otra manera de que las cosas sucedan. Lo inevitable está en nuestras vidas y ellos nos enseñan a fluir con lo que pasa. La vida y sus experiencias les han enseñado la lección de la aceptación y el respeto a su propio ritmo, así como el respeto al ritmo de la vida. Ellos están muy claros de que todo pasa y que nada permanece para siempre, esto lo han comprendido e integrado en su vida.

Con los años, la máscara que nos ponemos para afrontar la vida se va cayendo y queda lo genuino, lo diáfano, quedan nuestras verdaderas esencias, aquello que otorga mucha sensibilidad y el entendimiento de las más sutiles emociones. Quién no ha tenido la oportunidad de escuchar a una persona mayor decir: "Esa persona esta triste", o "ella está embarazada", o cualquier otra cosa, a pesar de que la persona ni siquiera haya conversado con los viejitos. Ellos, como están en la vida sin fronteras, pueden llegar a la esencia de las personas más fácilmente.

Uno de los más lindos lazos que los adultos mayores pueden crear, es con sus nietos. Los abuelos traban con sus nietos una amistad pura, llena de mucha complicidad y entendimiento de las necesidades de los niños o jóvenes, y esta conexión les permite ser de gran ayuda pues les pueden enseñar lo bueno o malo de una situación sin generar la fricción que normalmente se presenta con cualquiera de las otras figuras de poder en la vida de ellos, como lo son los padres y los maestros. Es un amoroso contacto entre ambos que convierte a esa persona mayor en la mejor fuente de seguridad que tiene el niño. El abuelo, desde ese amor tan especial y profundo que le generan sus nietos, crea un verdadero puente de amor entre una generación y la otra; en este caso, entre los padres y sus hijos. Sin los abuelos, algunos padres están perdidos en una multitud de reglas y obligaciones que llegan a sofocar el amor en muchas oportunidades, es allí cuando los abuelos tienden ese puente entre ambos y permiten a los muchachos comprender un poco más lo que sus padres quieren de ellos sin sentirse agredidos o contrariados. Los abuelos son traductores de las emociones, tanto de los padres como de sus hijos. Aquellas parejas que han perdido la capacidad de "usar" a sus adultos mayores, han perdido también el mejor lazo de conexión con sus propios hijos.

Otra cosa maravillosa que enseñan es el goce por las pequeñas cosas de la vida, aquellas que nos hacen felices, como la mariposa que pasa, mirar el río correr, jugar con el viento, ya que como tienen tiempo se pueden detener y mostrar a sus nietos las cosas hermosas de la vida. Enseñan canciones tradicionales, cuentos que transmiten la herencia cultural a través de sus propias historias, eso sin mencionar las comidas ricas que solo la abuela sabe hacer. Un niño casi nunca se aburre con sus abuelos.

El otro lado de la moneda es que los abuelos pueden integrarse con mayor facilidad a la vida moderna a través de lo que sus propios nietos les enseñan, es una relación simbiótica que llena de amor los corazones de ambos para toda la vida y más allá de la vida. Esta hermosa relación no es casual, es un plan de la Divinidad. Qué bonito sería que todos los honráramos, reconociendo este inmenso valor que tienen en la vida de los seres humanos.

Como un faro de luz en el universo, al igual una persona mayor guía la vida de sus nietos a puerto seguro, ellos son la esencia, la ternura, la aceptación, la dimensión del tiempo sosegado, ese es su mayor legado, el sabor del juego, la gratitud.

Viendo el efecto que ellos, los abuelos, pueden tener en las generaciones futuras y en lo que las personas mayores aún pueden dar su apoyo para mejorar la sociedad, quizás podamos entender la importancia de su trabajo en la vida familiar y social; incluso podríamos señalar también que cuando se les permite integrarse a las actividades productivas de un país, los beneficios de mantenerlos a ellos saludables son incontables.

Hay países donde el voluntariado tiene un peso determinante en todas las áreas de la vida económica y social. Vemos cómo las personas de la tercera edad forman un contingente de trabajo invaluable en los lugares que los ocupan, como hospitales, casas de beneficencia, centros de acopio de comida, etc.

Aparte de los beneficios que los adultos mayores pueden todavía prestar, es necesario comprender que ellos dieron sus mejores años para construir las familias y las sociedades donde hoy día esas nuevas generaciones empiezan sus vidas, con aciertos o equivocaciones. Ellos dejaron un legado que debe ser honrado.

"Quemen madera vieja, beban vinos añejados, lean libros viejos, tengan amigos viejos", decía Alfonso XI Rey de Castilla.

Este concepto de "viejo", trae arraigada la idea de experiencia y sabiduría. Así debemos considerar a nuestros mayores. Son seres que han recorrido trayectos de vida más largos y cuya experiencia les ha convertido en quienes hoy en día son.

Ellos, si los sabemos escuchar, están dispuestos a compartir sus historias, su aprendizaje, sus verdades, las cuales aun cuando no sean similares a las nuestras, nos dejan lecciones y aprendizajes que nos pueden ser útiles. Ellos traen consigo esa belleza y esa serenidad al enfrentar la vida que solo se logra con los años y el cúmulo de experiencias.

Emerson dice: "Al envejecer, la belleza se encuentra en el interior". Sus caras, sus arrugas, nos pintan los senderos recorridos y las experiencias vividas.

Su belleza desafía la estética, pues es tanto interna como externa; y la exterior es un cuadro, un paisaje de lo vivido. Joseph Campbell dice: "Al igual que una vela blanca en un lugar sagrado, así es la belleza de un rostro anciano". Es también una belleza serena, amable, que nos invita a la reflexión; en cierto modo es un espejo al futuro en el cual mirarnos y saber qué esperar.

A nuestros mayores les debemos respeto y gratitud pues son los seres que nos dieron la vida, que nos ofrecieron todo lo que tenían y lo que no tenían para formarnos y hacer de nosotros personas de bien.

Debemos tener con ellos la misma paciencia que ellos tuvieron con nosotros y, lejos de descartarlos, debemos tomar siempre en cuenta sus sabios consejos. Cuentan con más tiempo y por ende una mayor capacidad espiritual para saber discernir lo verdaderamente valioso e importante en la vida y compartirlo con nosotros.

Platón lo describió así: "La visión espiritual mejora al mismo tiempo que la visión física desmejora". Otra linda descripción es la de George Santayana cuando nos dice: "Nada es tan inherentemente e invisiblemente joven como el espíritu. Y el espíritu puede entrar en el ser humano quizás mejor en la quietud de la vejez y permanecer allí quieto más que en la efervescencia de la aventura".

Aprendamos a respetar sus años y a compartir con ellos los Momentos Santos que a su vez ellos nos regalaron cuando éramos niños. Esa valoración mutua, unida al respeto, creará la atmósfera perfecta para poder compartir con ellos dichos Momentos Santos. Tomemos esa pausa, ese tiempo, para compartir con ellos y tender puentes bilaterales entre nuestros corazones para alimentarnos de su amor y sabiduría.

La historia de Chepita

Por Rosiris Fernández

Chepita, mi abuelita, era pequeñita, pero a la vez inmensamente grande, su amor lo abarcaba todo, fue un poderoso referente en mi vida, desde muy temprano me dije que quería ser como ella.

¿Cómo no pensar en ella cuando escribo? Ella, en esa entrega de ternura, amor y aceptación, nos hacía sentir especiales a todos sus nietos, todos nos sentíamos, en lo secreto de nuestros corazones, el nieto preferido. ¿Como lo hacía? Lo primero era celebrar con mucho gusto nuestras pequeñas habilidades. En mi caso, me gustaba bailar y a ella le encantaba que yo le bailara, se reía y divertía mucho y siempre con sus sonrisas me daba la certeza de que lo estaba haciendo muy bien. Pero también tenía una manera muy peculiar de decirnos que éramos únicos: siempre que íbamos a visitarla a su casa, a cada uno lo llamaba aparte y le daba un pequeño regalo, algo muy sencillo, un caramelo, un lazo, algo simple pero cargado de un profundo significado, nos sentíamos especiales, sus preferidos, éramos muchos primos y este gesto siempre iba acompañado de un '*shhh*', con su dedo en la boca para que nadie nos oyera o viera, era solo para mí, un pequeño secreto entre las dos.

Fue solo a su muerte, cuando nos juntamos y empezamos a compartir sus recuerdos, que descubrimos que hacía lo mismo con cada uno de sus nietos; nos dio mucha risa y estuvimos de acuerdo que era así, cada uno era especial para ella, dentro de lo "especial" que cada uno de nosotros tenía. Era lo máximo, a su lado siempre te sentías tú mismo, eras amado y, por supuesto, la amábamos.

Pero también tenía un grandioso sentido del humor, se reía de ella misma, tremenda lección. "No te lo tomes tan en serio, sé feliz". Nos enseñó que en la vida lo malo se pasa con humor.

Punto No. 44
La sanación

"No intentes jamás curar el cuerpo
sin antes haber curado el alma".
—Hipócrates

Hablar de sanación, es hablar de la necesidad de empezar a vernos a nosotros mismos desde un punto de vista diferente. Esta nueva perspectiva requiere no solo un cambio en la manera de cómo concebimos el mundo, sino también de cómo el mundo nos concibe a nosotros.

La salud es el estado original, la sanación implica totalidad y coherencia, cada uno de nosotros está sano cuando comprende su pertenencia en un conjunto mayor e interrelacionado con los otros seres humanos y con el ambiente. Cómo establecemos la conexión con cada uno de ellos, cómo los nutrimos, cómo nos conectamos con el ambiente. Somos cada planta y cada animal, cada mineral, en cada organismo, en él se refleja lo que somos y desde ese lugar tratamos al otro como lo que es: una parte importante de nosotros mismos.

Este cambio de manera de percibir al mundo tiene un efecto en toda la creación. Cuando cada uno sana individualmente está a su vez sanando lo que contacta y más allá. Nuestro mayor regalo a la vida es buscar nuestra propia sanación.

Los terapeutas, médicos y todas las personas dedicadas a mejorar la salud emocional, física y mental de las personas buscan en gran medida su propia redención, su propio camino de sanación. Son almas haciendo un gran servicio de amor.

Sanar parece entonces mirar nuestros problemas desde una perspectiva más elevada. Sanar es olvidar el pasado, dejar atrás lo que nos hizo daño o nos hizo sufrir, aquellos momentos en que sentimos rencor o miedo. Sanar es confiar en la capacidad infinita de la vida de repararse a sí misma, el bien oculto del mal. No existe sanación posible si no hay coherencia, y la coherencia es trasparencia y honestidad. Cada uno se debe a sí mismo el respeto, amor y consideración más impecable que existe. La coherencia de la sanación es haber transitado como alma un camino donde ninguna experiencia humana es desdeñable. El camino recorrido hasta ahora en cada mirada, en cada trabajo, en cada niño, adulto y anciano, en el amor, en el ausente, en la pérdida y en el dolor, la capacidad para derrumbar fronteras, para encontrarnos uno con otro, para mirarnos a los ojos y comprender por qué en realidad cada uno es un original y a la vez parte del Original, de la creación.

Somos coherentes cuando al actuar en cada ámbito de nuestra vida lo hacemos con absoluta transparencia, sin tener nada oculto, viéndonos solamente a nosotros mismos y nuestro deseo de ayudar.

El pensamiento es el motor que activa cada acto y la calidad del mismo. Así como su total intensidad se encontrará en relación con lo que se siente; el pensar y sentir actúan como un fino engranaje del reloj más perfecto de la Tierra: el ser humano.

Perdemos la salud cuando nos engañamos a nosotros mismos, cuando nos maltratamos y dejamos de hacer aquello que deseamos, cuando ocultamos lo que de verdad pensamos, postergamos lo que deberíamos hacer o cuando vivimos el sueño de otro. Enfermamos cuando de alguna manera vendemos parte de nuestra integridad por miedo, culpabilidad o avaricia.

La salud es un estado elevado del ser, es un estado natural de la vida, la sanación es una última frontera de la separación mía, de Dios y de todo. Cuando alcanzo esto, soy libre.

La sanación, es el medio que el Espíritu Santo utiliza para devolvernos al camino, así como la enfermedad es el cómplice del Espíritu que nos recuerda lo que hemos perdido. La enfermedad no es el enemigo, la falta de salud es el toque que la vida da para que nos detengamos a pensar y nos bajemos del tren equivocado.

La sanación es estar conscientes de todos los Momentos Santos de la vida.

Y como lo expresa bellamente nuestro querido maestro Jorge Carvajal: "La enfermedad nos muestra el camino hacia la salud. No estamos perdidos, hemos caído una y mil veces para reconocer, en cuerpo y alma, nuestro camino. Tal vez, y gracias a que nos hemos equivocado tantas veces, podamos aprender de nuestros errores las mejores lecciones. Quizás, el sentido de estar y sentirnos perdidos sea el de volver a otear el horizonte de la vida y llenar nuestras vidas de sentido".

CAPÍTULO 10
EL MILAGRO

"Todas las criaturas somos un Milagro".
—Anónimo

¿Qué es un milagro si no algo maravilloso e inesperado que ocurre en la vida? La vida misma es un milagro. Pero nosotros, incluso cuando estamos frente a un milagro, puede que no sepamos reconocer la verdad. Y, ciegos ante el maravilloso concierto de la vida, nos vamos perdiendo el proceso que va generando el milagro.

El cambio o los sucesivos cambios que se van dando, solo son perceptibles a la naturaleza sensible del buen observador. Él ha estado en silencio, observando cómo se va produciendo el proceso, está atento al movimiento infinitesimal de la vida y, por lo tanto, de la conciencia. Todo lo que existe está cargado de conciencia, de otra forma no existiría, la materia más densa expresa su conciencia en las modificaciones químicas de su elemento al iniciar en ella el milagro; de igual manera, las plantas van manifestando su milagro en la conciencia de la luz solar, allí se activa el prodigio de la vida.

La conciencia de la vida está cargada de milagros, y es solo el observador del silencio el que puede ser testigo y artífice del milagro.

Una vez un gran maestro dijo: "Solo ten un gramo de fe y obrarás grandes milagros". Fe es creer y solo podemos creer lo que percibimos, bien por los sentidos externos o por los sentidos de la conciencia sutiles y dimensionales. Cuando, movidos por esos recorridos y cambios de la conciencia, estamos atentos a los cambios de la vida, los milagros ya no son inesperados, por el contrario, son atentamente esperados. El milagro es un cambio, un cambio de un estado a otro, un cambio que se va produciendo siempre, que nunca se detiene y que nunca es igual, como no es nunca la misma agua la que fluye en la corriente del río.

Cuando vamos asistiendo al milagro, vamos festejando los cambios de la conciencia. Así como el hombre festeja el crecimiento de un niño —qué mayor milagro que ese— de igual manera debemos festejar el milagro de la conciencia; es decir, darnos cuenta de quiénes somos y qué hacemos aquí. Nos reconocemos y reconocemos a nuestros semejantes, en cada acto, en cada encuentro de esos sagrados Momentos Santos.

En cada Momento Santo está ocurriendo el milagro del gran cambio de la conciencia. Ese cambio nos va llevando por la senda del ser, a la senda del propio Ser, a la totalidad, a la individualidad plena, especial, en la que permitimos convertirnos, y así, todos los que lo hacemos somos testigos y protagonistas del milagro de la evolución de la conciencia.

Punto No. 45
Cambio de mentalidad

"Libero al mundo de todo lo que jamás pensé que era, y en lugar de ello elijo mi propia realidad".
—Un Curso de Milagros

El primer pensamiento que me viene a la mente cuando pienso en un cambio en la mentalidad, es la dificultad que siempre encontraremos al tratar de cambiar o solucionar un problema usando los mismos métodos o ideas que hemos sostenido hasta ahora. "Las viejas creencias no conducen al nuevo queso", dijo Johnson Spencer.

Cambiar nuestras creencias y paradigmas, parece ser una de las cosas más complicadas a las que nos podemos enfrentar. Estos cambios casi nunca pueden ser dados a través de la razón misma. Un ingrediente para avanzar y movernos de una determinada creencia a otra es la experiencia de algo nuevo, algo que nunca antes habíamos tomado conciencia que estaba allí. Para eso, debemos entrar en las sutiles dimensiones de las energías del amor: la compasión y la alegría. Es decir, en aquello que podemos sentir pero que no podemos palpar con la experiencia material, a menos que primero no estemos en contacto con esos sentimientos en nuestro corazón, esto nos lleva a la liberación del miedo. La mente es como nuestro timón, nos lleva por mares apacibles, donde el viaje es sin sobresaltos y lleno de sorpresas, o nos mete en la tormenta fiera, donde las horas y los días solo parecen pequeños dardos que entumecen el alma y ciegan la existencia.

En el recorrido de los temas tratados, hemos hablado de lograr esos cambios que queremos en nuestra vida tomando consciencia de nuestra interacción con los otros a través de esos pequeños o grandes Momentos Santos en todos los ámbitos de la vida.

Puede haber mucho dolor y tristeza en el mundo, pero siempre tendremos una esperanza de transformación a través de nosotros mismos y a través de la mirada atenta a nuestros pensamientos y/o nuestras acciones. Una mente cargada de preocupación y pensamientos negativos limitantes nunca podrá obtener descanso ni paz. La mente enfocada en los mismos sistemas de creencias e ideas estará condenada a permanecer aislada en su propia cárcel de dificultades y negativismo.

En la mente que está a la orden del ego manifestado en enfermedades, problemas económicos, poca autoestima, soledad, —características propias de las limitaciones del Yo—, no hay forma de que circule la energía, no hay espacios para ello si solo nos centrarnos en nosotros mismos. Los pensamientos que tenemos nos conducen a agrandar cualquiera que sea el problema. Cuando nos acercamos mucho a algo no lo podemos ver; de igual manera: cuando estamos pensando constantemente en nosotros, en lo que nos está aconteciendo, no podemos pensar con claridad pues no tomamos la correcta distancia —ni muy lejos, ni muy cerca— para ver qué es lo que realmente sucede. Salir de mi pequeño Yo y mirar que hay otros a quienes puedo ayudar, me permite encontrar ese camino que no se ve cuando solo pienso en mí.

La mente es un instrumento fino, pero debe ser manejado por un experto conductor: la conciencia. Una conciencia que está alerta y que no se deja nublar por las ideas provenientes de la percepción, siempre estará en capacidad de ir más allá de la dificultad aparente que le aqueja. Estas personas mirarán el todo, y el perfecto engranaje de la vida dejará de serles desconocido y empezará a colaborar para que todas las piezas encajen y la vida vaya al ritmo del corazón que nos une a todos y a todas las cosas.

Conciencia y corazón trabajan juntos, al unísono, y miran al mundo y a la vida desde una perspectiva donde las posibles soluciones son infinitas.

Un cambio de mentalidad implica un gran movimiento de la conciencia, una ruptura segura de aquellos paradigmas que nos alejan de nosotros mismos y de nuestra totalidad.

Un cambio de mentalidad es el mirar al otro como lo que es, una gran oportunidad de conocernos más a nosotros mismos.

Un cambio de mentalidad se produce cuando en cada Momento Santo hemos permitido la manifestación del Ser.

"La salvación, no obstante, puede alcanzarse fácilmente, pues todo el mundo es libre de cambiar de mentalidad; y al hacerlo, todos sus pensamientos cambian también. Ahora, la fuente de los pensamientos ha cambiado, pues cambiar de mentalidad significa que has efectuado un cambio en la fuente de todas las ideas que tienes ahora, las que jamás hayas tenido o las que algún día puedas tener. Liberas al pasado de todo lo que antes pensabas. Liberas al futuro de todas tus viejas ideas de ir en busca de lo que realmente no deseas encontrar", así nos lo expresa *Un Curso de Milagros*.

Punto No. 46
Descargar la ira

"La rabia no solo es inevitable sino necesaria; su ausencia significa indiferencia, el más desastroso de todos los fracasos humanos".
—Arthur Ponsonby

La ira, como todas las demás emociones debe ser recibida y entendida por cada uno de nosotros y ubicada en su debida proporción. La ira es positiva cuando manifiesta nuestro más profundo repudio hacia algo y nos activa a actuar en consecuencia, agudizando nuestros sentidos y llevándonos a la acción, siempre y cuando no conlleve agresividad ni verbal ni física. Un ejemplo de ira puede ser, reaccionar contra una injusticia, sentir rabia y actuar en pro de que no se cometa un acto injusto o de violencia.

La ira positiva también nos habla de que somos seres sintientes, que hay cosas que nos duelen y por ende actuamos con determinación; de nuevo, sin violencia, pero obstinadamente, buscando la resolución de una situación. La ira positiva es como una especie de motor que nos incentiva a actuar. Martin Luther King lo expresa así: "Nunca trabajo mejor que cuando algo me inspira la rabia; pues cuando estoy molesto, puedo escribir, rezar y predicar bien, pues en ese momento todo mi carácter se acelera, mi comprensión se agudiza y todos los dolores y tentaciones mundanos me abandonan". Esa es la descripción perfecta de la "buena ira", la que impulsa, la que lleva a la acción, a la compresión profunda de que hay que hacer algo. La "buena ira" también es sincera como lo expresa Montaigne: "No hay pasión que transporte más la sinceridad del juicio como la rabia". La activamos cuando profunda y sinceramente algo nos desagrada y nos hace por ello actuar. Sin embargo, la ira, como toda arma, tiene dos filos. Hay que domarla, controlarla y no dejar que nos domine a nosotros. Hay que recibirla cuando viene, entenderla, ponerla en contexto y luego actuar, mas nunca descartarla ni ignorarla para no permitir que se convierta en una bomba de tiempo. Siguiendo el epigrama chino: "Si eres paciente en un momento de rabia, escaparás a cien días de pena". Al entenderla y controlarla, sabremos actuar con prudencia y tomar las acciones necesarias. Anthony Shaftesbury lo expresa así: "El temperamento, si no se gobierna, gobierna al hombre".

Sin embargo, es necesario descargar la ira para disminuir así su fuerza. Por ejemplo, si vemos ante nuestros ojos injusticia tras injusticia y no expresamos nuestra rabia e indignación y la callamos, esta cólera irá en aumento y probablemente explotará de forma equivocada.

También es muy importante poner a la ira en contexto: ¿es buena?, ¿es mala?, ¿en qué me perjudica?, ¿en qué me beneficia? Estas preguntas, si nos las hacemos con sinceridad, muy probablemente nos llevarán a la conclusión de que sentir ira hacia una situación y contribuir con la emoción para mejorarla es bueno, pero sentir ira por los demás es negativo, ya que las personas más perjudicadas por este comportamiento destructivo somos nosotros mismos. Enmarquemos nuestra ira para dominarla y no permitamos que ella sea nuestra prisión.

Punto No. 47
La oración

> *"La oración es el vínculo de los Milagros".*
> —*Un Curso de Milagros*

La oración es el canto del alma, súplica angustiosa del que sufre, esperanza dulce del que sueña, diálogo sagrado que tiene quien conoce la verdad y fuente de toda respuesta que el caminante ha de recibir.

La oración lleva el sello del amor y, por aquello que solo en fervoroso estado se puede percibir, es llama ardiente de muchos corazones que al unísono reclaman recordar lo que la densidad oculta. La oración es como la suave brisa cuyo trabajo es develar la verdad tras el velo.

Reza la alondra en la mañana, el ruiseñor en su canto, el monje en su claustro santo y la anciana madre por el hijo en guerra. Toda la vida reza, toda la vida clama a la existencia, su fruto, su sostén, su tierra buena. Cuando ha dejado el hombre de rezar, la oscuridad lo ciega y no es de otra manera que su luz encuentra, vuelve el hombre en su silencio a mendigar la lisonja buena.

Quien no ha orado, no sabe amar, porque el amor es la oración entera, cuando el niño ora, ríe, cuando joven reza, juega, y cuando el hombre en su mañana aciaga, en un recodo del camino reza, hunde su rodilla en tierra y levanta su mirada al cielo, sabe que allí esta su repuesta, porque ya en la tierra no la encuentra.

Cuántos son los rezos que la Tierra crea, y ha de ser así, pues con ella, los hilos de la vida se entremezclan. Y no es distinto el rezo del poeta, del labriego que el campo siega, ni del hombre que en la cárcel pena, ni del santo que en su cuarto reza, ni de la madre que por su niño implora. Hablamos una sola la lengua, aquella que el corazón respeta, es la lengua del amor expresada en una oración entera.

Reza el silencio, y el cielo atento lo venera, porque no habrá oración sobre la Tierra, que no tenga a buen resguardo su respuesta.

Como vemos, la oración es un estado de comunión con Dios, a través de la experiencia de contactar al Espíritu Santo que reside en todos nosotros. Tradicionalmente, vemos la oración como un pedido y así se ha enseñado en todas las religiones, pero cuando vamos comprendiendo nuestra naturaleza espiritual, nos damos cuenta de que la oración es la forma en que Dios se comunica con sus creaciones. Y es que todo en la vida ora, y está orando en un continuo vivir y manifestar los milagros o regalos que de Dios recibe. Cuando oramos, invocamos algo y tenemos una respuesta que es una evocación, pero solo podemos entender la respuesta de nuestras oraciones a través de la experiencia espiritual. Quiere decir, que solo cuando nos conectamos con esa parte nuestra que no puede ser percibida por los sentidos pero que es el motor de nuestra existencia y la de los otros seres, nos ubicamos en posición de recibir lo que el alma ya conoce como suyo. Por eso, cuando rezamos por otro o por nosotros mismos, no hay ninguna diferencia.

El poder de la oración es ampliamente conocido, incluso en los ámbitos de la ciencia formal. Por medio de la oración recibimos el amor divino, la energía purificadora y regeneradora de todo error de percepción que una vez tuvimos. Cuando la oración ha sido bien hecha, se producen los grandes milagros y estos a su vez se extienden al mundo; por lo tanto, oremos con un corazón agradecido de antemano por lo que ya sabemos que se recibió, como nuestro mayor acto de fe.

Punto No. 48
Los hacedores de milagros

"¡Sáname! Estoy a tus pies, Hacedor de Milagros".
—Hacedor de Milagros Generación 12

Bienvenidos todos los que llegaron a esta parte del libro.

Hemos hecho un recorrido por la vida y sus aspectos, nos hemos encontrado y desencontrado. Seguro que hemos estado de acuerdo muchas veces y otras no tanto. Puede que muchas veces pensaron en dejar la lectura, o no comprendían muchas cosas, y en algún momento también pensaron: "Es fácil decirlo, pero hacerlo es otra cosa". Eso es muy normal, ese fue también nuestro proceso. La duda asalta cuando la luz la ciega y ese temor o rechazo a lo que nos libera es común cuando nos damos el permiso de andar el camino de la vida en la conciencia plena.

Cada escrito estuvo presentado para que no solo se diesen cuenta de que podemos vivir muchos Momentos Santos, sino además motivarlos a pensar que todas las circunstancias de la vida se pueden vivir bajo la premisa de un Momento Santo, esa pequeña idea de ver la vida como un sinfín de Momentos Santos que nos lleva por caminos diferentes a los que estamos acostumbrados. Caminos que nos conducen al encuentro del amor, de estar felices solo porque queremos ser felices, de acompañar al amigo, al extraño, al anciano, al niño, cada vez que ellos lo requieran. Algo sí es cierto, todo este contenido fue llevado por la mano amorosa de la conciencia más elevada que hay en nosotras, con los mejores deseos de ayudar. Desde esta importante tribuna, como lo es la posibilidad de escribir y compartir lo que se nos ha ofrecido, la vivencia de muchas experiencias, de tal manera que es posible decir: fueron todos hermosos Momentos Santos.

Cuando pensamos en los muchos momentos y testimonios que recogimos, la cantidad de hacedores de milagros que fuimos conociendo y en aquellos que han ido despertando mientras se escribía este libro, sentimos un profundo agradecimiento por haber vivido esta experiencia, que como ninguna otra ha enriquecido nuestras vidas y con certeza las han transformado para siempre. Damos gracias a todos esos mensajeros del amor, que nos aclararon aún más el concepto del Momento Santo con sus valiosos testimonios de amor y esperanza para la humanidad.

Pudimos constatar la existencia de otros millones de libros y hermosos mensajeros, que nos recuerdan lo que somos, miles de… "¿coincidencias?", que nos muestran el perfecto momento en que el tiempo y el Yo se desvanecen, para dar paso al milagro universal de la identidad del Ser Uno, donde al mirarnos en la cara de nuestros hermanos y hermanas encontramos en ellas la misma cara de Dios o la de cada uno de nosotros, lo cual también es lo mismo.

Cuando pensamos en todas estas ideas, pero no solo el hecho de pensarlas, sino cuando lo revivimos y lo experimentamos a través de todo este recorrido de diez capítulos del libro y cincuenta pasajes de Momentos Santos, nosotras mismas nos volvimos Hacedoras de Milagros, y esto nos lleva a pensar que es hermoso descubrir cómo el propósito del libro era empezar nuestros propios milagros cuando nosotras pensábamos que era el de todos los lectores. Pero ¿no es lo mismo? Pues claro que sí.

Llegar al final del libro y haber conseguido hacerlos Hacedores de Milagros fue nuestro propósito principal. Y aquí nos permitimos recordarles de nuevo que ser un hacedor de milagros no es más que poner el amor en movimiento tal como el milagro del amor de Dios fluye en nosotros.

El obrador de milagros deja de mirar las circunstancias que lo aquejan como algo separado de él. Así, cambia su lugar de percepción y se mueve a un lugar donde la verdad de la existencia no la dictan los sentidos, sino la presencia activa del Espíritu a quien hemos dejado total espacio para que haga su trabajo. Nos hemos hecho a un lado y permitido que la energía del Espíritu, esa que une y cohesiona toda la existencia, nos muestre las infinitas posibilidades de la dimensión del amor a la cual todos pertenecemos. Bienvenidos a la vida de Hacedores de Milagros, continuemos nuestro camino dejando a nuestro paso una estela de paz, amor, alegría, solidaridad y una inmensa compasión por todos nuestros compañeros de camino.

Punto No. 49
Los milagros

"Donde hay un gran amor, siempre hay milagros".
—William Cather

"Los milagros ocurren naturalmente como expresiones de amor. El verdadero milagro es el amor que los inspira. En este sentido, todo lo que procede del amor es un milagro", dice *UCDM*.

Comenzamos con estas dos poderosas citas que reafirman que el motor principal de los milagros es el amor. Amor entendido en el sentido puro, absoluto, genuino, auténtico y sin filtros. Ese amor que se da sin esperar nada a cambio. Como lo dicta *Un Curso de Milagros*: "Los milagros son una especie de intercambio. Como toda expresión de amor, que en el auténtico sentido de la palabra es siempre milagrosa, dicho intercambio invierte las leyes físicas. Brindan más amor tanto al que da como al que recibe".

Diríamos entonces que es el amor quien genera en nosotros una conciencia generosa, en la cual entendemos profundamente la importancia de dar a nuestros semejantes en forma constante. Dar es conectarse al otro, entendiendo su necesidad sin importar cuál sea. Es comprender que dar ha de ser un ejercicio cotidiano que debemos repetir sin jamás cansarnos. Es un beneficio para el otro y para nosotros mismos. Como lo expresa *Un Curso de Milagros:* "El milagro es un gesto de amor entre iguales".

Debemos entender que dar es un poder que todos tenemos y debemos ejercer: "Tienes el poder de obrar milagros", dice *UCDM*.

Un aspecto interesante que explica *Un Curso de Milagros* es que el milagro en sí, obrarlo, es liberador para quien lo ejerce pues le permite liberarse del miedo; el miedo es freno, es cadena, es prisión y el milagro cuando se ejerce es liberador, sanador.

Un Curso de Milagros lo explica así: "Los milagros representan tu liberación del miedo. "Expiar" significa "des-hacer". Deshacer el miedo es un aspecto esencial del poder expiatorio de los milagros". Diremos entonces que el ejercicio de dar, al hacernos mejores, nos libera y nos lleva a conocer con mayor profundidad el sentido real del amor.

El milagro es amor en ejercicio, es llevar a cabo la bondad, es compartir. *UCDM* lo explica así: "El milagro es un servicio. Es el máximo servicio que puedes prestar a otro. Es una manera de amar al prójimo como a ti mismo en el que reconoces simultáneamente tu propia valía y la de él". El milagro es en lo que te conviertes.

Logramos llegar al milagro desde el recogimiento profundo, desde la oración, la cual nos conecta con Dios, quien nos otorga el mayor poder de dar. El milagro entonces es una corrección de la percepción total. Según *UCDM*: "La oración es el vehículo de los milagros. Es el medio de comunicación entre lo creado y el Creador. Por medio de la oración se recibe amor y por medio de los milagros se expresa amor".

Cuando los milagros ocurren, nos liberan. Nos libran de temores, de angustias, expresándose en toda su verdad. Una verdad a veces tan grande, tan brillante, que la desconocemos. Los milagros pueden ser pequeños o no, sin embargo, todos son iguales, recuerden que no hay grado de dificultad en los milagros. Todo milagro es maravilloso y pequeño, es tan solo un adjetivo para dar la idea de que un milagro no necesariamente es una manifestación grandiosa o extravagante, un milagro es tan solo la manifestación de la voluntad de Dios. Incluso, a veces oramos y pedimos algo y el milagro es no obtener lo que queríamos. Suena contradictorio, pero el tiempo y los hechos nos hacen entender que en ocasiones el milagro fue algo que no ocurrió. *Un Curso de Milagros* lo explica así: "Los milagros son selectivos, únicamente en el sentido de que se canalizan hacia aquellos que los pueden usar en beneficio propio. Puesto que eso hace que sea inevitable que los extiendan a otros, se suelda una fuerte cadena de expiación".

Los milagros permiten deshacer nuestras trabas, nuestros miedos, nos liberan, nos ayudan y permiten que ayudemos a los demás. *UCDM* nos dice: "Los milagros son a la vez comienzos y finales, y así alteran el orden temporal. Son siempre afirmaciones de renacimiento que parecen retroceder, pero que en realidad van hacia adelante. Cancelan el pasado en el presente y así liberan el futuro".

El milagro somos nosotros, el milagro es estar vivos y comprender que debemos ejercer nuestro don innato de dar. Debemos ser generosos, amables, receptivos y amorosos, y generar una conciencia colectiva desde el ejemplo diario y el ejercicio repetitivo de ofrendar. Ofrecer ayuda en cualquiera de sus manifestaciones, desde la más simple hasta la más compleja. Todos somos obras maestras de Dios con capacidad infinita de obrar milagros. Al entender esto y ejercerlo, seremos creadores de los Momentos Santos que tanto pide a gritos el mundo actual. Solo debemos tomar conciencia de nuestro poder infinito de hacer el bien y actuar. Galileo dijo: "El universo está lleno de cosas mágicas que esperan pacientemente a que nuestros sentidos se agudicen". El reloj no se detiene, despertemos ya, tic tac, tic tac…

Concluimos este capítulo recordando estas palabras de Paul Brunton: "Hay momentos memorables en nuestras vidas cuando recibimos señales del Yo Superior alertándonos de que es posible para el hombre una existencia más elevada. En tales momentos, la cara de la vida no está cerrada y penetran en ella los débiles rayos del alba. Sabemos entonces que los sueños del alma pueden realizarse, que el Amor, la Verdad y la Felicidad nos pertenecen por derecho".

Punto No. 50
El amanecer del alma

> *"Mi corazón me susurró*
> *A mí no vuelvas sin su amor*
> *Devuélveme el alma en pie*
> *Devuélveme el amanecer".*
> —Canción "Amanecer"

Así hemos llegado al punto cincuenta de este libro. "El día cincuenta es aquel en el que el hombre ha alcanzado el final de su travesía. Este es el máximo nivel, aquí el hombre ha completado exitosamente su recorrido por las etapas del pasaje natural de la vida y ha progresado para trascender y elevarse al nivel divino, al nivel del entendimiento, de la verdadera libertad, al nivel del Amor. Es el nivel donde el hombre trasciende su naturaleza humana y limitada. En donde el hombre Libre se vuelve hacia sí mismo y se hace uno con Dios", expresan los autores Osher Chaim Levene y Rabbi Yehoshua Hartman.

El mensaje de este libro es y ha sido el mismo mensaje que los seres humanos hemos intentado entregar. Fuimos creados para el amor, no tenemos otra función que amar, esa es la naturaleza humana porque venimos del amor. No hay otro propósito que ser felices y disfrutar de la vida en cada momento y allí, en ese momento que me tocó vivir.

Hemos desviado el rumbo y durante mucho tiempo desviamos la naturaleza del amor y la volvimos separación, miedo, rabia y egoísmo. Este camino nos convirtió en egoístas, violentos e infelices.

Es posible recobrar la integridad que perdimos. Es posible expresar el verdadero mensaje de nuestro corazón. Sin importar dónde vivan o a qué se dediquen, siempre es posible sacar a la luz la misiva de amor del corazón. Cuando expresamos lo que realmente somos, sin duda trasmitimos belleza, dicha y felicidad.

50 Momentos Santos está dedicado a las vidas de todos nuestros lectores, y las vidas que ellos a su vez tocarán, a recordarles que en cada momento de sus existencias estarán manifestando su grandeza. Solo les pedimos a todos que se dejen ser lo que tienen que Ser y así conviertan sus vidas en una cadena de Momentos

Santos, llenas de amor y alegría. Cada uno de nosotros es amado y lo ha sido siempre.

Hemos andado y desandado este camino juntos, ya solo nos queda desearles un maravilloso retorno a la Santidad. Sean Hacedores de Milagros amados y bendecidos.

Índice

www.ingramcontent.com/pod-product-compliance
Lightning Source LLC
LaVergne TN
LVHW051459080426
835509LV00017B/1818